Nähen im VINTAGE-Stil

Nähen im VINTAGE-Stil

Über 40 leichte und schnelle Ideen
für ein schönes Zuhause

CHRISTINA STRUTT

JAN THORBECKE VERLAG

Aus dem Englischen übersetzt von Annerose Sieck

Umschlaggestaltung: Finken & Bumiller, Stuttgart
Gedruckt in China
ISBN 978-3-7995-0785-1

Inhalt

Einleitung

Irgendwann scheinen die meisten von uns die Gabe verloren zu haben, selbst etwas anzufertigen. Es ist ja auch so viel leichter, Dinge zu kaufen. Große Ladenketten bieten an, was das Herz begehrt. Und dazu noch günstiger, als wir es selbst herstellen könnten. Wir haben alle viel zu viel herumliegen, allerdings findet man überall denselben „Einheitsbrei". Es ist nahezu unmöglich, ein Geschenk zu kaufen, das der Empfänger noch nicht besitzt – selbst wenn er am anderen Ende des Landes oder am anderen Ende der Welt lebt. Überall gibt es die gleichen Geschäfte mit den gleichen Produkten.

Die Leidenschaft für Vintage-Kleidung und Charity-Läden befriedigt unser Bedürfnis, etwas zu besitzen, das noch nicht jeder hat. Wer ein Vintage-Kleidungsstück trägt, kann mit einiger Sicherheit davon ausgehen, dass er nicht über seinen Klon stolpern wird. Doch Vintage und selbst gemachte Originale sind – wie bei allen Moden – nur begrenzt verfügbar. So bleibt uns also nur eines: Wir müssen selbst einzigartige handgefertigte Stücke entwerfen.

Es hat mir sehr viel Freude bereitet, dieses Buch zu schreiben. Ganz am Anfang jedoch, als man mir das Thema vorschlug, war ich etwas zurückhaltend. Der Gedanke daran, all das auf einmal nähen zu müssen, schreckte mich schon ein wenig ab. Doch mein Verleger war hartnäckig. Und schließlich dachte ich, das könne ich doch schaffen.

An dieser Stelle möchte ich darauf hinweisen, dass ich im vorgegebenen Zeitrahmen nicht jedes Stück selbst nähen konnte. Ich musste also Freiwillige gewinnen, die mich beim Nähen unterstützten. In den Weihnachtsferien, als Termine, Deadlines und Januar noch so weit weg schienen, ist mir der enge Zeitplan nicht bewusst gewesen. Ich saß da mit einer Nähmaschine, hatte aber keine Ahnung davon, wie man den Faden einzieht. Als diese Hürde mit Hilfe meiner Freundin Tina Wright, die früher einmal als Mechanikerin gearbeitet hatte, gemeistert war, habe ich die einzige Nadel, die ich besaß, verbogen. Ich war kurz davor, alles hinzuwerfen. Doch dann kam mir mein Lebensmotto in den Sinn, das ich bei schwierigen Situationen stets heraufbeschwöre: „So schlimm kann es schon nicht werden." Ich muss mir nur diese sieben Wörter sagen, um nicht aufzugeben, meine Gedanken sammeln, tief einatmen und die Dinge Schritt für Schritt angehen. Ich eilte in das Nähmaschinengeschäft in unserem Ort, lernte, wie man eine Nadel ersetzt, kaufte zehn weitere und machte mich an die Arbeit.

Entwerfen Sie Ihre eigenen handgemachten Unikate

Ich liebe es, Gegenstände zu verschönern

So neu, wie meine Nähkünste waren – und angesichts des engen Zeitrahmens – sprangen meine Mutter Mary Amoroso-Centeno und meine Freundin Penny Menato, die vieles für Cabbage & Roses anfertigt, in die Bresche und halfen mir beim Nähen. Doch ich bin stolz darauf, dass meine Nähte immer besser wurden und ich vieles selbst gemacht habe. Das ist der Beweis dafür, dass die Projekte, die ich ausgesucht habe, wirklich kinderleicht und anfängertauglich sind.

In meinem Arbeitsleben bin ich auf eine ganze Menge Fertigkeiten angewiesen. Ich entwerfe Kleider, Haushaltswaren und style Bekleidungsgeschäfte, ich bearbeite Fotos, dekoriere Häuser, mache Bücher, kaufe für unseren Laden Antiquitäten und Vintage-Kleidung ein und lese Finanzberichte. Doch meine wahre Leidenschaft besteht darin, Dinge so schön wie möglich zu machen. Je weniger eine Situation verspricht, desto mehr genieße ich die Herausforderung. Man stelle mir einen leeren Raum und kein Budget zur Verfügung und ich kann Wunder bewirken.

In diesem Buch finden Sie schöne Fotos von ganz einfachen Gegenständen, und mein Ziel ist es, Ihnen zu erklären, wie Sie diese selbst fertigen können. Von ganz besonderer Bedeutung sind die Einzigartigkeit und das gute Gefühl, ein Vorhaben zu Ende gebracht zu haben. Ich habe mein ganzes Leben Knöpfe, Stoffreste, Perlen, Schnüre, Bänder, Schachteln, Beutel, aus Versehen zu heiß gewaschene Wolle, Leinenlaken und mehr gehortet. Abgesehen davon, dass es umweltfreundlich ist, wenn man Dinge repariert und wieder verwertet, lässt sich der Zauber von selbst gemachten Geschenken, Kleidungsstücken und Accessoires kaum überbieten.

Nichts passiert in meinem Leben, ohne dass sich mein Sammelinstinkt meldet. An Trödelläden, Charity-Geschäften und Märkten kann ich nicht vorbeigehen, ohne einen Blick hineinzuwerfen. Wenn aus einem hübschen Stoff ein schreckliches Kleid wurde, muss ich das Kleid einfach kaufen. Der furchtbare Beutel mit dem herrlichen Innenfutter kann später aufgetrennt werden. Aus dem Kleid kann ich Kissen, Lavendelsäckchen und Weihnachtskarten zaubern oder einen Flicken daraus auf etwas anderes nähen. Selbst ein Patchwork, ein zarter Vorhang, ein Bucheinband ließen sich daraus kreieren. Die Knöpfe des Kleides werfe ich ins Knopfglas, den Reißverschluss in den Reißverschluss-Notfallbeutel. Und wie auf Seite 16 erläutert, können Sie aus dem Kleid sogar eine Tischdecke nähen.

Je länger Sie es aufbewahren, desto begehrenswerter wird es

Das lässt sich über jeden Stoff, jedes Kleidungsstück sagen. Eines Tages werden sie sich als nützlich erweisen. Festere Gewebe wie etwa die von Tweed-Sakkos, Mänteln und Decken können umgearbeitet werden. Aus Decken lassen sich winddichte Vorhänge nähen oder dünnere Vorhangstoffe füttern. In den Wintermonaten können Sie aus alten Decken eine Patchworkdecke nähen, denn Sie werden dabei stets einen warmen Schoß haben. Sakkos aus Tweed sind meine Leidenschaft – die älteren sind gut verarbeitet. Wenn Sie zu groß sind, können Sie die Sakkos heiß waschen, so laufen sie ein und erhalten einen schönen Vintage-Look. Das allerdings sollte sorgfältig geschehen. Denn mit dem Kochen können Sie dem Kleidungsstück entweder zu einem perfekten Sitz verhelfen oder es völlig ruinieren.

Das verheerende Missgeschick, von dem ich auf Seite 79 erzähle, passierte mir mit meinem neuen, wunderschönen handgestrickten Fair-Isle-Pullover. Auch wenn es mir fast das Herz gebrochen hat, wurde daraus ein Set zum Aufbewahren von Stiften. Ich empfehle nicht, etwas Wunderschönes und Nützliches absichtlich zu heiß zu waschen (wie ich es bei meinem Missgeschick tat), aber das Waschen von Wolle in extrem heißem Wasser ist eine gute Methode, um etwas zu filzen. Mit den entstandenen starren Fasern der Wolle haben Sie ein völlig neues Medium, mit dem Sie spielen können. Gefilzte Wolle ist sehr stabil, und daraus lassen sich kleine oder große Beutel machen. Das hängt natürlich von der Größe des Pullovers ab. Aus Filz lassen sich überdies Flaschenbezüge, Weihnachtsdekorationen (am besten natürlich aus leuchtend roten Pullis), Hausschuhe, selbst Bucheinbände fertigen. Ein Patchwork aus gefilzter Wolle in einer interessanten Form kann ein richtiges Kunstwerk sein. Sie können aus Filz Stücke mit Monogramm herstellen, aber auch Einbände und Säume oder Röcke, Kleider und Ärmel verlängern.

Suchen Sie in Secondhandläden nach Strickwaren. Denken Sie daran, zu Hause können Sie das Teil waschen und in einen neuen „Stoff“ verwandeln. Ich muss allerdings betonen, dass das Filzen von Wolle nicht immer so gut funktioniert, wie Sie sich das vorstellen – meist passiert es, wenn Sie das ganz und gar nicht wollen! Um einen Pulli zu filzen, sollte dieser aus 100 Prozent Wolle bestehen. Legen Sie den Pulli in die Waschmaschine und stellen Sie die höchste Temperatur ein. Breiten Sie den Pulli zum Trocknen flach aus.

Zeigen Sie Ihre Schätze

Damit aus Ihrem Leben und Ihrem Zuhause kein Elsternnest wird, ist es nötig, das Gehortete ordentlich aufzubewahren. Vielleicht finden Sie eine schöne Lösung dafür oder Sie präsentieren Ihre Schätze, während diese darauf warten, in etwas Nützliches verwandelt zu werden. Ich mag Regale, auf denen sauber zusammengefaltet und nach Farben geordnet meine Stoffe liegen. Die Stapel binde ich mit einer Schnur oder mit Satinbändern zusammen.

Mit Schachtelsets, die Sie auf einem Markt oder in einem Trödelladen entdeckt haben, ist die passende Möglichkeit gefunden, Knöpfe oder Bänder aufzubewahren. Kleben Sie außen an die Schachtel ein Muster, dann müssen Sie nicht jede Schachtel öffnen, um die gewünschte Farbe zu finden. Auch in Marmeladengläsern (vor allem, wenn die Deckel mit einem fröhlichen Baumwollstoff bezogen wurden) lassen sich Knöpfe, Muscheln oder kleine Garnrollen aufbewahren.

Lange Rede, kurzer Sinn: Werfen Sie nichts weg, was sich noch als nützlich erweisen könnte, und begeben Sie sich auf Entdeckungsreise. Ich hoffe, dass Sie, auch wenn Sie noch nie zuvor etwas genäht haben, jetzt damit anfangen werden.

Christina Strutt

Wohnzimmer

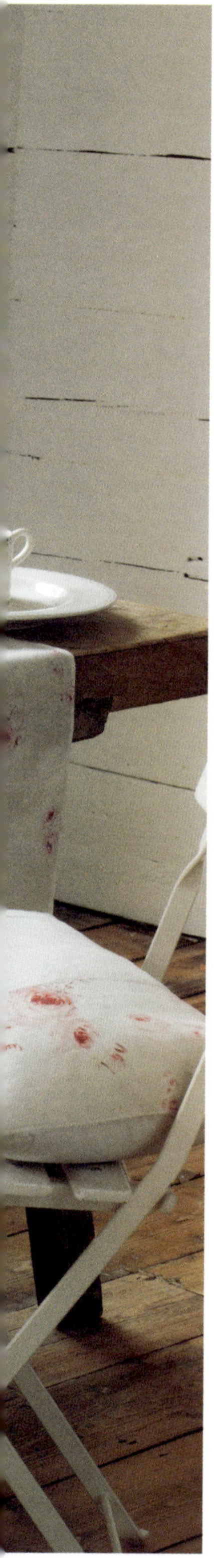

Zusammengebundene Tischdecke und Serviettenring mit Hohlsaum

Wenn Sie relative kleine Stoffstücke besitzen oder einen sehr großen Tisch bedecken möchten, für den es keine passende Decke gibt, haben Sie hier die ideale Lösung gefunden.

Diese bezaubernden Serviettenringe bestechen durch einen zarten Hohlsaum. Wenn Sie mögen, können Sie auch die Servietten derart verschönern. Sie benötigen allerdings einen Leinenstoff, der relativ locker gewebt ist, um die Fäden herauszuziehen zu können.

Manchmal kann man Leinenstoffreste sehr günstig in Stoffläden kaufen – sie eignen sich hervorragend für diese Art der Tischbedeckung. Die Stoffe müssen nicht gleich sein – verschiedene Stoffe, die wie auf dem Foto mit Schleifen zusammengebunden werden, können überaus attraktiv sein. Probieren Sie es doch einmal mit unterschiedlichen Karo- oder Schottenstoffen oder alten Leinenlaken, die Sie zerschneiden und wieder zusammenbinden. Sehr schön, vor allem in der Weihnachtszeit, ist ein Wechsel aus roten und weißen Stoffen.

Die Anleitung für die Tischdecke finden Sie auf Seite 84, die für die Hohlsäume der Serviettenringe auf Seite 86.

Verleiht jedem Esstisch eine elegante Note

Schneller Leinen-vorhang

Dieser Vorhang, der mit kleinen Klammern an der Stange befestigt wird, liefert schier unendliche Deko-Möglichkeiten, denn er kann schnell und leicht ausgewechselt werden.

Der wohl schönste, vielseitigste und eleganteste Stoff ist der von alten französischen Leinenlaken. Leider sind diese nicht unbedingt einfach zu bekommen, doch ihre Handhabung ist sehr einfach, weil sie nicht genäht werden müssen. In unserem Laden bedrucken wir per Hand altes Leinen mit unseren wunderschönen Stoffdesigns. Aus ihnen lassen sich prächtige Vorhänge zaubern. Wenn Sie andere Stoffe verwenden, müssen Sie diese vorab säumen.

Auch Decken können auf diese Weise verwertet werden. Vorhänge daraus sind besonders sinnvoll, wenn Sie Zugluft von der Tür her oder zwischen zwei Räumen unterbinden wollen. Achten Sie nur darauf, dass die Klammern für einen schweren Stoff stabil genug sind.

Verleiht Ihrem Wohnzimmer einen Vintage-Look

Die Anleitung für den Vorhang finden Sie auf Seite 90.

Kontrastierende Schleifen-Vorhänge

Auch diese Variante wird Sie begeistern. Hier habe ich Stoff verwendet, dessen Vorder- und Rückseite unterschiedlich bedruckt ist. Durch einfaches Wenden geben Sie dem Raum eine ganz andere Atmosphäre.

Eine einfache Lösung zum Aufhängen besteht darin, an die Stoffbahn oben Schlaufen für die Stange zu nähen. Das sieht verspielter aus als Vorhangband. Sie können statt der Stoffstreifen auch Bänder nehmen. Probieren Sie es mit schlichtem Baumwollstoff und Band, Decken mit Schottenmuster und Samtbändern – ein herrlicher Vorhang für den Winter – oder Steppdecken und Satinschleifen. Für die Sommermonate eignet sich zarter, leichter Musselin, den Sie mit Voileschleifen an der Gardinenstange befestigen.

Die Anleitungen für den Vorhang finden Sie auf Seite 93.

Türvorhänge

Wer Türvorhänge nähen möchte, sollte sie in Überlänge machen. Dann liegen sie auf dem Boden auf und verhindern, dass Zugluft eindringen kann.

Ein hübsches Kleid für den Lampenschirm

Lampenschirm-bezug

Kleidet man einen schlichten Lampenschirm neu ein, bekommt der Raum einen besonderen Glanz. Der Gesamteindruck verändert sich sofort. Idealerweise haben Sie hierfür noch Stoff übrig, den Sie für Vorhänge, Kissen oder Schonbezüge in diesem Zimmer verwendet haben. Mit wenig Aufwand erreichen Sie damit viel.

Wenn Sie Ihre Einrichtung jahreszeitlich verändern, können Sie gleich mehrere Lampenschirme herstellen, einen, der zu den schweren Wintergardinen passt, einen, der mit den luftigen Sommervorhängen harmoniert.

Auf Seite 92 finden Sie die Anleitung für den Lampenschirm.

Schranktür-Verkleidung

Einfacher geht es nicht: Diese Schranktüren sind eine hervorragende Möglichkeit, um den Gesamteindruck eines Zimmers mit wenig Aufwand zu verändern. Natürlich beginnen Sie am besten mit Türen, die bereits offene Rahmen haben, doch es ist auch nicht allzu schwer, die originalen Holzpaneele zu entfernen und stattdessen Maschendraht-Rechtecke einzusetzen. Auf diese Weise schaffen Sie einen traditionellen französischen Landhauslook (der Draht kann an die Rückseite der Tür geheftet werden; scharfe Ecken biegen Sie nach hinten). Nehmen Sie dafür Draht, der nicht rostet, da Farbe das Metall beeinflussen kann.

Paneele anfertigen

Für die Paneele messen Sie Breite und Tiefe Ihrer Schrank-„Fenster" aus. Geben Sie bei beiden jeweils 14 cm für den Saum hinzu. Nun schneiden Sie aus dem Stoff ein entsprechendes Rechteck aus. Für den Saum 2 cm doppelt einschlagen, bügeln und festnähen. Dann nähen Sie die weiche Seite eines Klettverschusses oben und unten an die Säume. Die Hakenseite des Klettverschlusses wird an der Schranktür befestigt. Die Bänder zusammendrücken, um den Vorhang zu befestigen.

Ein moderner Ansatz für traditionelle Monogramme

Kissen mit Monogramm

Eine wunderbare Möglichkeit, um einen selbstgemachten Kissenbezug zu veredeln. Ein Monogramm ist etwas Besonderes und ein persönliches Geschenk. Nehmen Sie die Initialen des Empfängers oder sein Geburtsdatum. Sie können diese Idee auf viele andere Gegenstände übertragen – einen Bettbezug, eine Babydecke, ja selbst eine Hundedecke. Natürlich können Sie auch ganze Wörter anfertigen, die Buchstaben sollten jedoch entsprechend verkleinert werden.

Am einfachsten ist es, die erforderlichen Initialen am Computer zu vergrößern und auszudrucken. Schneiden Sie diese nun als Vorlage aus. Am besten geht es mit Filz, weil dieser nicht ausfranst; allerdings kann beim Waschen die Farbe auslaufen. Beachten Sie die Hinweise in der Anleitung zum Waschen.

Auf Seite 85 finden Sie die Kissenanleitung.

Stuhlbezug

Wenn es Ihnen wie mir geht und Ihr Haus eine Herberge für Flohmarktschätze ist, können Sie mit dieser simplen Idee unterschiedlichen Stühlen eine einheitliche Optik geben. Die hübschen Bezüge sind leichter anzufertigen als passende Hussen, und die Maße können je nach Stuhlgröße angepasst werden. Ein einfacher Stoff-„Umschlag" bedeckt die Stuhllehne, und ein Sitzkissen aus dem gleichen Stoff lässt das Ganze ordentlich wirken.

Alternativ können Sie ein einzelnes Kissen nähen und an zwei Ecken Stoffbänder annähen. Damit befestigen Sie das Kissen am Stuhl (siehe Foto rechts).

Die Anleitung für den Bezug finden Sie auf Seite 102.

Bequemer

Sie können das Kissen polstern oder den Lehnenbezug wattieren, um es bequemer zu haben.

Flohmarktfunden einen frischen Look verleihen

Schlafzimmer und Bad

Musselin-Himmelbett

Ein Bett aus Musselin für romantische Sommernächte

Auch wenn Netze nur im tropischen Klima wegen der Moskitos wirklich notwendig sind, finde ich den Gedanken an ein Bett, das von einem prächtigen Musselin umhüllt ist, so romantisch, dass ich eines der Betten in meinem Haus auf diese Weise dekoriert habe. In diesem schlichten Schlafzimmer mit seinen weißen Möbeln, Wänden und weißem Fußboden bildet der bedruckte Stoff einen fantastischen Kontrast. Verwenden Sie einen zarten Stoff, der das Sonnenlicht durchlässt und zur Bettwäsche passt. Der Stoff hängt über einem runden Reifen, der mit einer Stoffschlaufe am Deckenbalken befestigt ist.

Die Anleitung fürs Himmelbett finden Sie auf Seite 94.

Nackenrolle

Ich bin fest davon überzeugt, dass man niemals genug Kissen haben kann – egal ob fürs Sofa oder fürs Bett. Und diese Nackenrolle passt sehr gut ins Schlafzimmer. Den Bezug zu nähen, ist etwas schwieriger, aber die Mühe lohnt sich. Der Bezug muss sich exakt um die Form der Rolle fügen und die Seiten werden mit einem passenden Knopf verziert.

Es geht aber auch einfacher: Wickeln Sie den Stoff ganz fest um das Kissen und nähen Sie die Verbindungsstelle mit einem Kettenstich fest. Dann raffen Sie die seitlichen Enden und binden sie mit einem Band zusammen.

Auf Seite 104 finden Sie die Anleitung für die Nackenrolle.

Bezogene Kopfpolster

Kopfpolster wie diese mit Stoff zu beziehen, ist die leichteste Übung überhaupt. Alles, was Sie dafür benötigen, ist etwas Stoff, ein wenig Polsterfüllung und ein Tacker. Die Bezüge sind so kinderleicht anzufertigen, dass Sie Ihr Kopfpolster nach Lust und Laune ändern können.

Kopfpolster und Bettwäsche Ton in Ton

Ein Kopfpolster beziehen

Übertragen Sie die Maße des gepolsterten Kopfteilbereichs auf ein großes Stück Papier. Anhand dieser Vorlage schneiden Sie ein Stück Stoff zu. Für die Säume geben Sie jeweils 2,5 cm hinzu. Schlagen Sie die Säume um und heften Sie diese fest. Beginnen Sie in der Mitte oben und tackern Sie den Stoff am Rand des Polsters fest, abwechselnd rechts und links an den Seiten entlang. Ziehen Sie den Stoff dabei immer wieder straff. Zum Schluss decken Sie die Heftklammern mit einem passenden Klebezierband ab.

BRAVE HEART
PHILIP GIBBS
LEONE
ROSES
TASCHEN

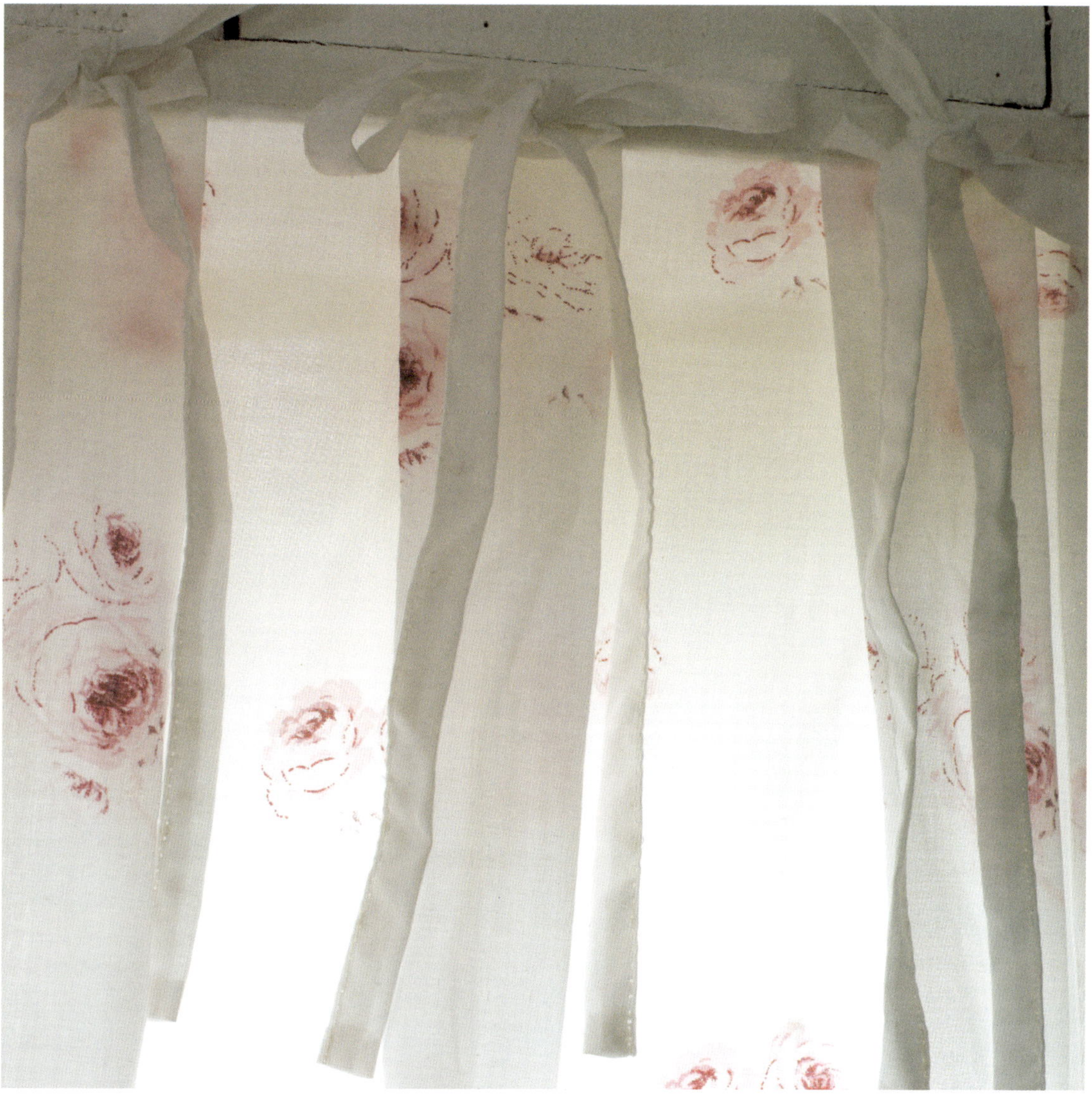

Schlafzimmervorhänge

Hier finden Sie eine weitere Art von festgebundenen Vorhängen. Sie sind detailreicher als die Vorhänge von Seite 20 und liegen in Falten. Auf diese Weise wirken die Vorhänge so, als wäre ein Gardinenband verwendet worden. Für diesen Stil eignet sich ausschließlich ungefütterter Baumwollstoff.

Mit Bändern festgebundene Vorhänge können Sie auch zusätzlich vor einen Duschvorhang hängen. So sieht Ihr Bad hübscher und weiblicher aus.

Die Anleitung für die Vorhänge finden Sie auf Seite 95.

Wimpel

Wimpel sind eines der fröhlichsten Schmuckelemente – einer schöner als der andere. Als wir Cabbages & Roses aus der Taufe hoben, fertigte meine Freundin und Partnerin Wimpel-Wäscheleinen für den Verkauf an. Seitdem stelle ich Wimpel her, die ich im Haus und im Garten aufhänge.

Wenn Sie von anderen Arbeiten kleine Stoffreste übrig haben, lassen sich diese so ideal verwerten. Sie können sich für ein einfaches Farbkonzept entscheiden, das Sie in das Farbschema der Möblierung einbinden, wie es bei den hübschen rot-weißen Stoffen hier der Fall ist, oder einfach alles bunt mischen. Nehmen Sie dafür alles zur Hand, was Ihre Stoffrestekiste hergibt.

Wimpel herstellen

Mit einer Zickzackschere schneiden Sie 23 cm große Quadrate aus bedrucktem Baumwollstoff aus. Falten Sie die Quadrate diagonal über einen Streifen Schnur oder Baumwollband und heften Sie diese per Hand mit dem Vorstich zusammen.

Wärmflaschenbezug

Es gibt kaum etwas Entspannenderes als eine heiße Wärmflasche – ganz gleich, ob man so schmerzende Muskeln beruhigt oder sich einfach nur an einem kalten Abend aufwärmen möchte.

Für den Bezug nehmen Sie einen Stoff, der sich weich und kuschelig anfühlt. Ich habe hier weiche Baumwolle gewählt, aber auch Frottee, Samt, Kaschmir oder gefilzte Wolle eignen sich gut. Ich habe für das Futter einen anderen, kontrastierenden Stoff verwendet, doch wenn es schnell gehen muss, können Sie das Futter auch weglassen, vorausgesetzt, die Innennähte sind versäubert.

Die Anleitung für den Wärmflaschenbezug finden Sie auf Seite 96.

Ein warmes und behagliches Bett ist etwas Wunderbares

Kissenbezug mit Schleifen

Diese hübschen, quadratischen Kissen in kontrastierendem Druck sind eine wahre Einladung, um sich an einem Sonntagmorgen faul auf sie zu kuscheln. Ich wollte sie möglichst einfach halten, deshalb haben diese Bezüge auch keinen Reißverschluss, sondern werden mit Bändern zusammengehalten. Dadurch ist das Nähen ein Kinderspiel.

Wie hier gezeigt können Sie zwei verschiedene Stoffe verwenden – besonders wirkungsvoll ist es, wenn Sie das gleiche Muster in komplementärer Farbkombination nehmen. Und wenn Sie das Ganze noch einfacher haben möchten, nehmen Sie passende Bänder, statt diese aus passendem Stoff zu nähen.

Die Anleitung für die Bezüge finden Sie auf Seite 98.

Bett-Volant

Auch wenn Sie fertig genähte Bett-Volants kaufen können, ist es doch viel schöner, einen Stoff zu nehmen, der in das farbliche Konzept des Raumes passt. Ich habe in diesem Beispiel einen rot-weiß karierten Stoff genommen, der die sanften Pastelltöne des Zimmers ein wenig aufheitert. Der Vorteil eines karierten oder gestreiften Stoffes liegt darin, dass ein Zuschneiden und Heften entlang des Musters leichter ist.

Auf Seite 100 finden Sie die Anleitung für den Bett-Volant.

Stoff sparen

Ich habe für den Bereich unter der Matratze einfach ein altes Laken verwendet und den Bettvolant an dessen Außenseite genäht. Auf diese Weise können Sie es sich leisten, einen feineren und teureren Stoff zu nehmen, denn Sie benötigen diesen ja nur für den sichtbaren Bereich.

Lavendelkissen-Tasche

Für süß duftende Träume

Eine echte Bereicherung – eine kleine Tasche, die Ihr Kopfkissen mit dem herrlichen Duft von Lavendel tränkt. Auch wenn es hübsch aussieht, wenn man Lavendelblüten in die Tasche steckt, ist es vielleicht doch praktischer, ein kleines Säckchen zu nähen, mit getrockneten Lavendelblüten oder Rosenblütenblättern zu füllen und dies in die Tasche des Bezugs zu stecken. Sie können auch ein Spitzentaschentuch hineinstecken. Eine schöne Idee auch für die Kopfkissen von Kindern, damit die Zahnfee ein Geschenk bringen kann. Nähen Sie das Täschchen oben aufs Kissen, damit die Fee leichter herankommt!

Die Anleitung für die Tasche finden Sie auf Seite 113.

Stilvoll reisen mit passenden Accessoires

Schuhbeutel und Schmucktäschchen

Wenn ich mit modebewussten Freunden reise, gibt es etwas, was mich und mein Gepäck von ihnen unterscheidet: Sie verstauen ihre Schuhe in ordentlichen kleinen Schuhbeuteln. Meine werden meist in Plastiktüten gepackt. Meine Vorstellung von purem Luxus ist es, so viele Schuhbeutel zu besitzen, dass all meine Schuhe darin Platz finden – egal ob auf Reisen oder zu Hause. Wie himmlisch wäre eine ordentliche Reihe von Stoffbeuteln ... Stattdessen findet man bei mir einen bunten Haufen von Schuhen, die lieblos in einem Wandschrank aufbewahrt werden.

In meinem Bestreben, elegant zu reisen, habe ich ein zu den Schuhbeuteln passendes Schmucktäschchen genäht. Sie können die Maße der Schmucktasche auch proportional verkleinern und kleinere Taschen für Kosmetikartikel nähen.

Auf Seite 106 finden Sie die Anleitung für den Schuhbeutel, auf Seite 108 für die Schmucktasche.

Kosmetiktasche mit Reißverschluss

Ich bin schon ein bisschen stolz darauf, Kosmetiktaschen nähen zu können – sie sind ein wunderschönes Geschenk, und ich liebe es, sie zu besitzen. Im Moment besitze ich vier Stück und nichts bereitet mir mehr Vergnügen, als eine nagelneue Tasche für eine besondere Reise zu packen.

Wenn ich unterwegs bin, bewahre ich Dinge, die auslaufen könnten, in einer Tasche auf, die ich in den Koffer lege. Kleinere Dinge kommen in eine kleine Tasche, die ich stets bei mir habe. Mir ist schon einmal mein Koffer abhanden gekommen, das war furchtbar. Sie können die Maße proportional verkleinern, um kleinere Taschen zu nähen.

Stoffe aussuchen

Diese Tasche besteht aus Baumwollstoff, der innen mit einem wasserabweisenden Stoff gefüttert wurde. Doch für Haarbürsten, Kämme und Dinge, die nicht auslaufen, reicht auch ein einfacher, robuster Baumwollstoff.

Auf Seite 110 finden Sie die Anleitung für die Kosmetiktasche.

Wäschebeutel

Ich bin richtig vernarrt in Wäschebeutel. Warum also nicht Wäschebeutel für jedes Familienmitglied nähen und im Bad oder im Schlafzimmer aufhängen – darauf wartend, dass sie mit schmutziger Wäsche gefüllt werden. Sie können verschiedene Wäschbeutel für weiße, bunte und Handwäsche anfertigen, was Ihnen die Arbeit erleichtert oder mehr Mühe macht – je nachdem, ob Sie das Vorsortieren lästig finden oder eben nicht. Auf diese Weise kann der Inhalt der Wäschebeutel einfach in die Maschine gesteckt werden, ohne dass Sie zuvor die Wäsche sortieren müssen.

So bringt man Ordnung in die Wäsche

Wer Lust hat, kann auf jeden Beutel das Monogramm des Familienmitglieds sticken, oder Sie nähen für die einzelnen Familienmitglieder unterschiedlich farbige Beutel.

Die Anleitung für den Wäschebeutel finden Sie auf Seite 112.

Scheibengardinen

Gardinen, die den unteren Teil eines Fensters bedecken, eignen sich insbesondere für kleine oder ungewöhnlich geformte Fenster, etwa im Badezimmer. Hier habe ich einfach Geschirrhandtücher verwendet, aber natürlich tut es auch jeder andere leichte Baumwollstoff, vor allem karierter. Das Schöne an Handtüchern ist, dass man sie nicht säumen muss.

Sie können mit dieser Anleitung auch etwas fürs Schlafzimmer nähen. Hat Ihr Bett kein Kopfteil, können Sie nach diesem Muster einen dekorativen Vorhang anfertigen. Besonders praktisch ist das in Kinderzimmern, wo man den Vorhang bisweilen wechseln muss. Wer mag, kann ihn mit einem weichen, dicken Stoff füttern oder wattieren. So ist es bequemer, sich abends zum Lesen im Bett zurückzulehnen oder morgens im Bett zu frühstücken.

Auf Seite 91 finden Sie die Anleitung für die Gardine.

Bequemer ist das Frühstück im Bett mit einem wattierten Stoff im Rücken

Kleidung und Accessoires

Mit stilvollen Schürzen macht Hausarbeit richtig Spaß

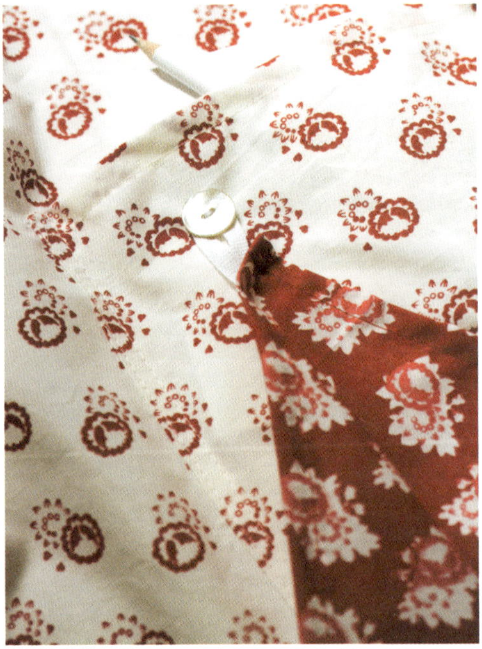

Küchenschürzen

Ich werde zu einem ganz anderen Menschen, wenn ich meine Schürze umbinde – ich bin dann heiter und sehr viel organisierter. Ich habe mehr Lust zu kochen oder zu putzen. Es scheint, als würde die Schürze mir einen Energieschub verleihen. Andere empfinden dies anscheinend genauso.

Diese Schürze hat eine praktische Form und passt jedem. Sie können sie mit dem Latz um den Hals tragen oder umschlagen, wenn Ihnen eine halbe Schürze lieber ist. Das lange Band bindet die Schürze fest um ihren Körper. Ich erwische mich immer dabei, wie ich meine Hände an der Schürze abwische, deshalb hat dieses Modell einen Knopf, an dem man ein extra Geschirrhandtuch mit einer Schlaufe befestigen kann.

Auf Seite 114 finden Sie die Anleitung für die Schürze.

Eine individuelle Note für Jacken

Stoffbrosche

Hier sehen Sie, wie einfach man einem Sakko eine individuelle Note verleihen kann. Die Brosche kann aus allen möglichen Resten angefertigt werden, die Sie in Ihrer Nähkiste finden. Wenn Sie erst einmal damit anfangen, außergewöhnliche „Abfälle" aufzubewahren, können Sie endlos viele unterschiedliche Broschen machen. Selbst das kleinste Stück Haarband, Schleife oder Stoff findet Verwendung. Sie sollten jedoch nicht nur nach Ungewöhnlichem suchen – probieren Sie es mit kleinen Münzen, gewebten Beschriftungen, Perlen oder Anhängern. Ich habe das Sakko nicht nur mit der Brosche verziert, sondern auch mit vielen Knöpfen und Stofffetzen.

Auf Seite 116 finden Sie die Anleitung für die Stoffbrosche.

Taschen in unterschiedlichen Größen und Formen

Ich bin der festen Überzeugung, dass man nie genug Taschen haben kann. Deshalb finden Sie hier drei verschiedene Arten.

Die Beuteltasche mit einem Henkel auf dem Foto links wirkt lässig und wurde mit kontrastierendem Stoff gefüttert. Sie können den Beutel auch mit einem festeren Stoff, z. B. Segeltuch, füttern, ich hingegen mag lieber weiche Baumwolle.

Die einfache Einkaufstasche (oben) hat eine praktische Form, Sie können sie größer oder kleiner oder ganz anders machen. Sie benötigen nur wenig Stoff – eine gute Möglichkeit, um kleine Stoffreste zu verwenden. Experimentieren Sie mit unterschiedlichen Stoffen für Vorder- und Rückseite, kontrastierenden Mustern für die Henkel oder befestigen Sie Broschen, Schlüsselringe oder Blumen daran.

Die weiße Umhängetasche (unten) ist zwar etwas komplizierter als die Einkaufstasche, aber sie ist unglaublich nützlich, vor allem im Sommer, wenn die Lederhandtasche im Gegensatz zur leichten Bekleidung viel zu schwer wirkt. Ich habe für diese Tasche Grobleinen genommen und für das Futter einen floralen Baumwolldruck.

Die Anleitungen finden Sie auf den Seiten 119, 120 und 122.

Einfach perfekt für widerspenstiges Haar

Haarband

Schon als Kind konnte ich es nicht verstehen, wie man ohne Haarreifen die widerspenstigen Haarsträhnen aus dem Gesicht bekommt. Heute geht es mir immer noch so und ich ertappe mich selbst immer wieder dabei, dass ich mir etwas um meinen Kopf binde – etwa einen schönen Stoffstreifen, der zu schade zum Wegwerfen war. Dieses Haarband ist die perfekte Lösung für mein immerwährendes Problem. Ich muss mich an dieser Stelle bei meiner Mutter bedanken, die mir eine Unmenge davon gemacht hat.

Die Anleitung für das Haarband finden Sie auf Seite 117.

Kinderrock aus Flicken

Hier finden Sie eine ganz einfache Möglichkeit, einen Rock zu nähen – egal in welcher Größe. Sie benötigen dafür nicht einmal eine Vorlage. Der dehnbare Taillenbund passt sich an, und Sie können die Maße mühelos verkleinern oder vergrößern. Wer mag, kann sogar einen Rock für Erwachsene daraus nähen. Die Taschen können aus demselben Stoff genäht werden, doch ich finde, es sieht mit einem kontrastierenden Stoff einfach netter aus. Machen Sie die Taschen so groß, dass die Lieblingsspielzeuge des Kindes hineinpassen.

Der Rock wurde für den Sommer aus einem leichten Baumwollstoff genäht, aber das Modell ist mit einem dickeren Stoff auch für den Winter geeignet. Nehmen Sie jedoch nicht zu steifen Stoff – ein weicher Fleece in leuchtenden Farben ist genau das Richtige für ein junges Mädchen.

Auf Seite 118 finden Sie die Anleitung für den Rock.

Gefütterte Korbtasche

Irgendwann löst sich der Boden von Korbtaschen hier und da auf. Wenn Sie ihn füttern, kann es nicht mehr passieren, dass Sie kostbare Kleinigkeiten, die ihren Weg zum Boden des Korbes gefunden haben, verlieren.

Hier habe ich eine ganz gewöhnliche Korbtasche gefüttert, die ich im Sommer gern als Handtasche benutze. Das Futter kann leicht wieder herausgenommen und für eine neue Tasche verwendet werden. Zu Korbmaterial passen gestreifte, karierte und florale Stoffe.

Die Anleitung für das Füttern finden Sie auf Seite 126.

Gefütterter Wäschekorb

Auch einen Wäschekorb können Sie auf diese Art auskleiden. Dann kann das Flechtwerk empfindliche Kleidung nicht beschädigen und ein Pastikkorb sieht gleich viel schöner aus.

Gefütterter Saatgutkorb

Ein nützliches Garten-Accessoire

Wenn Sie mich fragen: Man kann gar nicht genug Körbe besitzen, und für den Garten ist eine Sammlung alter Drahtkörbe überaus praktisch. Für die Saat, die je nach Pflanzdatum organisiert wird, ist ein gefütterter Korb besser. Denn sonst kann es passieren, dass Samen verschüttet werden oder Stifte durch die Löcher rutschen.

Natürlich kann ein hübsch gefütterter Korb auf vielfältige Weise verwendet werden, z. B. als Geschenkkorb: Legen Sie Saattüten, eine Rolle Gartenschnur, eine kleine Kelle, ein Gartenbuch und anderes Gartenzubehör hinein. Dann wickeln Sie den Korb in Geschenkpapier ein und schon haben Sie das perfekte Geschenk für einen begeisterten Gärtner. Sie können auf diese Weise auch Körbe füttern, in denen Sie Kosmetikartikel im Bad verwahren. Auch für Schreibtischutensilien oder Schlüssel im Flur ist so ein Korb geeignet.

Auf Seite 127 finden Sie die Anleitungen für den Korb.

NUTSCENE

Gartenwerkzeug-Schürze

Beim ersten Hauch von Frühling gehe ich in den Gartenschuppen und erlebe jedes Mal aufs Neue die Begeisterung, etwas auszusäen und anzupflanzen. Allerdings sieht es im Gartenschuppen meist recht unordentlich aus, weil im Herbst Töpfe und noch nicht genutzte Saat eilig zusammengetragen wurden. Denn angesichts des bevorstehenden Winters nimmt meine Gartenbegeisterung alljährlich ein abruptes Ende.

Die Schürze für Gartenwerkzeug war eines der ersten Dinge, die ich für dieses Buch gemacht habe. Ich kann mich nicht daran erinnern, jemals so viel Stolz empfunden zu haben. Ich habe dafür nur einen alten Streifen Segeltuch genommen. Diese Schürze, die gleichzeitig als Gerätehalter im Schuppen dient, ist absolut praktisch und eignet sich auch als Geschenk. Auch für andere Hobbys kann man so etwas gebrauchen. Man denke nur an eine Schürze für Hobbytischler oder Maler.

Mit dieser Schürze haben Sie wichtige Gartenutensilien immer sofort zur Hand

Auf Seite 124 finden Sie die Anleitungen für die Schürze.

Geschenke

Geschenkkörbchen

Diese Geschenkkörbe, die für jede Gelegenheit passend bestückt werden können, sind als Geschenk für Alt und Jung eine tolle Idee. Die Backform bildet den „Korb“ und wird mit all den Zutaten gefüllt, die nötig sind, um ein Blech Kekse, einen Brotlaib oder einen Kuchen zu backen.

Einfache Stoffbeutel enthalten die abgewogenen Trockenzutaten (diese füllen Sie am besten in Gefrierbeutel, die Sie verschließen und dann in den Stoffbeutel legen). Der Empfänger muss schließlich nur noch die flüssigen Zutaten hinzufügen. Andere Dinge wie etwa Keksausstecher, ein kleines Nudelholz, Holzlöffel oder Rührbesen, ja selbst eine kleine Flasche Weinbrand für einen Früchtekuchen, können dazugelegt werden.

Das Rezept können Sie mit der Hand schreiben oder ausdrucken. Persönlicher ist für mich jedoch ein handgeschriebenes Rezept.

Das richtige Mitbringsel für einen leidenschaftlichen Hobbykoch

Stoffbeutel anfertigen

Schneiden Sie zwei Rechtecke aus Stoff aus, die groß genug für die Trockenzutaten sind. Nähen Sie beide Rechtecke rechts auf rechts an drei Seiten zusammen. Die obere Kante versehen Sie mit einem doppelten Saum. Drehen Sie den Beutel auf rechts, legen Sie die Zutaten hinein und binden Sie den Beutel mit einem kontrastierenden Stoffstreifen oder mit einer Schnur zu. Besteht der Beutel aus schlichtem Stoff, können Sie mit einer Schablone je nach Rezept Wörter darauf malen, z. B. „Kuchen“ oder „Kekse“.

Tischset und Serviette

So ein Tischset schafft gleich ein ganz anderes Ambiente. Es hat schon etwas Gemütliches, wenn man sich die Mühe macht, ein Tablett hübsch zu belegen. Und die Schönheit einer Blume, die man aufs Tablett stellt, tut ein Übriges. Eine duftende blaue Hyazinthe, die man für einen kranken Freund auf ein blau kariertes Set stellt, eine weiße Rose auf weißem Leinen, eine Pfingstrose auf einem Frühstücks-Geburtstagstablett – sie erfreuen und gehen zu Herzen. Fertigen Sie gleich mehrere Tischsets aus verschiedenen Stoffen an, die zu ihrem Lieblingsgeschirr passen. So haben Sie auch gleich einen Grund, Einzelstücke aus Porzellan zu kaufen. Das einzige, was Sie benötigen, ist ein Gedeck.

Hier habe ich für Vorder- und Rückseite des Sets kontrastierende Stoffe verwendet. Wenn Sie das Set genäht haben, können Sie eine dazu passende Serviette nähen. Schneiden Sie einfach ein großes Quadrat aus dem Stoff und säumen Sie es rundherum.

Auf Seite 134 finden Sie die Anleitung für das Tischset.

Mit einem hübschen Tablett
wird die Tasse Tee
zu einem besonderen Erlebnis

Besteckrolle

Dieses handliche Teil liegt stets griffbereit im Picknickkorb. Ich habe früher immer etwas Wichtiges fürs Picknick vergessen, bis ich irgendwann einmal begriffen habe, dass man das am ehesten vermeidet, wenn der Picknickkorb bereits fertig da steht und nur noch das Essen darin verstaut werden muss. Abgesehen vom Besteck (das ordentlich und schick in diesem aufrollbaren Besteсktuch aufbewahrt wird) lasse ich Salz, Pfeffer, ein Vorlegemesser, Gläser, Teller, einen Korkenzieher und Beutel für Abfälle im Korb. Wenn dann völlig unerwartet am Wochenende die Sonne scheint, brauche ich nur noch das Essen einzupacken und los geht's.

Ich habe diese Besteckrolle aus zwei hübsch karierten Küchenhandtüchern genäht – spätestens an dieser Stelle werden Sie bemerkt haben, dass meine Ideen keinen großen Aufwand erfordern. Ein Küchenhandtuch ist bereits gesäumt und hat die ideale Größe für die Besteckrolle. Natürlich können Sie auch einen anderen Stoff nehmen und dazu passende Servietten nähen.

Die Anleitung für die Besteckrolle finden Sie auf Seite 128.

Ideal für ein sommerliches Picknick

Mit Stoff bezogene Aktenkartons

Früher gab es mal hübsche Aktenordner und -kartons. Ich erinnere mich noch daran, wie ich mich darüber gefreut habe, einige sündhaft teure Ordner in einem Designerladen ergattert zu haben. Sie waren extravagant und schon sahen meine Regale im Büro ganz anders aus. Sie hatten noch einen weiteren Vorteil: Sie brachten Ordnung hinein!

Das Schöne daran, Ordner oder Kartons zu beziehen, liegt darin, dass Sie diese passend zur übrigen Dekoration gestalten können. So wird aus einem Alltagsartikel etwas Besonderes. Ich habe zum Beziehen Vintage-Stoff genommen, aber es geht mit jedem anderen Baumwollstoff auch. Er darf nur nicht zu dünn sein.

Die Anleitung zum Beziehen der Ordner finden Sie auf Seite 132.

Passende Accessoires . .

Warum nicht gleich ein passendes Schreibtischset – Kladden, Ringbücher – mit demselben Stoff beziehen?

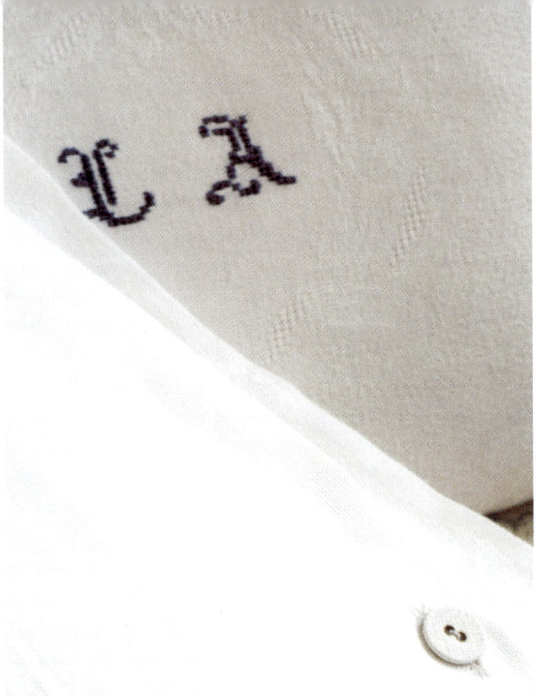

Vintage-Stoffe

Sie können für den Kissenbezug auch andere Vintage-Stoffe verwenden – Reste aus alten Leinenlaken oder Kissen tun es auch. Sets, die oft günstig in Antiquitätenläden oder auf Flohmärkten zu bekommen sind, sind ideal.

Kissen mit Knöpfen

Ich habe eine Vielzahl von Taschentüchern mit Monogramm geerbt und suche immer nach einem sinnvollen Einsatz. Ich denke, mit diesem eleganten Kissenbezug habe ich die Antwort gefunden. Oft entdecke ich Taschentücher mit den Initialen von Freunden. Und wenn ich ein oder zwei finde, dann ist so ein selbst genähtes Kissen doch ein viel schöneres Geschenk als ein paar alte Taschentücher!

Die Tatsache, dass die Taschentücher bereits gesäumt sind, verringert den Zeitaufwand. Sie benötigen nur eine halbe bis eine Stunde. Ein längliches Kissen sieht gleich ganz anders aus als ein normales Kissen, und die hübsche Knopfleiste auf der Rückseite geht sehr viel schneller von der Hand als das Einnähen eines Reißverschlusses.

Ein persönliches Geschenk von Ihnen

Auf Seite 88 finden Sie die Anleitung für den Kissenbezug mit Knöpfen.

Lavendelherzen

Lavendelherzen sind einfach ideal, um winzig kleine Stoffreste – gleich, ob alt oder neu – zu verwerten. Sie können für Vorder- und Rückseite zwei unterschiedliche Stoffe oder denselben nehmen. Hier habe ich ein Herz genäht, das zum Kissenbezug passt. So wird ein ganz normales Kissen zu einem besonderen Duftkissen.

Mit Stoffherzen, die mit Lavendel gefüllt werden, können Sie einiges anstellen: Nähen Sie winzig kleine für Grußkarten oder hängen Sie sie mit Schlaufen an Kleiderbügel. Flache, ungefüllte Herzen können Sie auf Kissenbezüge nähen, aber auch auf Kleidungsstücke oder Bettdecken. Schneiden Sie die Herzen aus rotem Filz oder Stoff mit verschnörkelten Mustern als Weihnachtsdeko, binden Sie sie an eine Schnur als Girlande oder sticken Sie Initialen auf ein Herz aus Seide, um einen neuen Erdenbürger damit zu begrüßen – die Möglichkeiten für diese Herzen sind schier endlos!

Auf Seite 89 finden Sie die Anleitung für das Herz.

Kleiderbügelbezüge

Mit einer ganzen Reihe gleich bezogener Bügel sieht es in Ihrem Schrank gleich viel ordentlicher aus. Auch wenn ein komplettes Set von Polsterbügeln purer Luxus wäre, kommt es selten vor, dass man jemals genug Bügel kauft, um die neuen Kleidungsstücke, die man sich im Lauf der Jahre zulegt, unterzubringen. Und noch seltener passiert es, dass man ein Jahr nach dem ersten Kauf noch dazu passende Exemplare findet! Mit diesen beiden Beispielen gelingt es Ihnen, auf günstige Weise Ordnung in Ihren Schrank zu bringen. Einige Kleiderbügel haben einen Überzug aus Stoff bekommen, die anderen, einfache Drahtbügel (die Art von Bügeln, die es in der Reinigung gibt), haben eine Fünf-Sterne-Behandlung bekommen.

Wenn man einfachen Holzbügeln einen Überzug verleiht, sehen sie sehr viel freundlicher und femininer aus. Dafür können Sie gut Laken (aus Baumwolle und Leinen), die schon mal bessere Tage gesehen haben, oder Stoffreste nehmen. Knöpfe oder Schleifen verhindern, dass die Kleidung vom Bügel rutscht. Bei Holzbügeln für Hosen sind diese Bezüge ideal, um die hässlichen Klammern zu verdecken.

Auf Seite 135 finden Sie die Anleitung für die Bügelbezüge.

Drahtbügel verschönern

Machen Sie zuerst etwa 1,2 cm tiefe Einschnitte an der Webkante eines Baumwollstoffes und reißen Sie dann drei Stoffstreifen ab. Jetzt wickeln Sie diese beim Haken beginnend um den Drahtbügel. Ist der erste Stoffstreifen zu Ende, knoten Sie den nächsten Streifen fest an den ersten. Sie können den Knoten entweder stehen lassen oder den nächsten Streifen über den Knoten wickeln. So fortfahren, bis der Bügel bedeckt ist, und mit einem Knoten abschließen.

Der niedliche Hase gefällt nicht nur den Kleinsten

Hasenpuppe

Dieses niedliche Wesen ist eine Nachbildung einer alten Puppe, die mein Sohn von seiner australischen Großmutter geschenkt bekam. Sie hängt noch immer mit ihrer Freundin, die in einer Latzhose steckt und eine Arbeitsbluse und einen Strohhut trägt, an der Schlafzimmerwand. So eine Puppe ist ein zauberhaftes Geschenk, vor allem dann, wenn man eine passende Garderobe mitliefert. Als meine Tochter Kate klein war, träumte ich davon, ihr eine Puppe zu machen, die exakt die gleichen Kleider hat wie meine Tochter: eine Schuluniform, ein Brautmädchenkleid, Ballettsachen.

Als ich ein Kind war, hat meine Mutter einen wunderschönen Mantel für meine Puppe genäht. Jahre später war ein ähnlicher Mantel Teil unseres Cabbages & Roses-Kollektion.

Auf Seite 129 finden Sie die Anleitung für den Hasen.

Stiftehalter

Wenn Sie wie ich an der „Waschmaschinen-Blindheit“ leiden, haben Sie sicher die Erfahrung gemacht, wie geliebte Kleidungsstücke einliefen, verblassten oder die gesamte Wäsche rosa färbten. Bis heute habe ich keine Antwort darauf gefunden, warum gerade die Kleidungsstücke, die man am liebsten mag, so unwiederbringlich beschädigt werden. Ich habe einmal einen wunderschönen, handgestrickten Fair-Isle-Pulli besessen. Es dauerte ganze zwei Wochen, bis er sich in der Waschmaschine zu Filz verwandelte. Meine normale Reaktion bei derart herzzerreißenden Missgeschicken: Ich lasse das traurige Stück in der Wäsche, bis ich nicht mehr daran vorbeigehen mag. Dann werfe ich es weg.

Deshalb bin ich so glücklich darüber, eine Lösung (oder zumindest eine Verwendungsmöglichkeit) für verfilzte Wolle gefunden zu haben. Ich bin sicher, Ihnen werden noch viele weitere Möglichkeiten einfallen, was man aus dem starren Filz alles anfertigen kann. Doch ich finde, dass diese Behälter für Stifte einfach und sinnvoll sind, und darüber hinaus eine tolle Möglichkeit, Schätze aller Art aufzubewahren.

Auf Seite 136 finden Sie die Anleitungen für die Stiftehalter.

Christina

Geschenkstrumpf

Diese Strümpfe wurden aus alten Steppdecken genäht. Eine prima Idee, alte Decken, die sich auflösen und nicht mehr reparieren lassen, weiter zu verwerten. Natürlich können Sie auch andere Stoffe nehmen, z. B. Filz, Brokat oder Samt. Die Vorlage auf Seite 141 können Sie nach Belieben verkleinern und vergrößern.

Für den Strumpf . . .

Vergrößern Sie die Vorlage auf die gewünschte Größe. Schneiden Sie dann zwei Strumpfteile aus einer alten Steppdecke zu und einen Streifen zum Aufhängen (7 × 53 cm). Nähen Sie die beiden Strumpfteile (abgesehen von der Öffnung oben) rechts auf rechts zusammen. Die oberen Kanten 6 cm auf links umschlagen und annähen. Für die Schlaufe nähen Sie jeweils die Enden oben an die Innenseite des Strumpfes. Den Strumpf auf rechts drehen. Jetzt kann er aufgehängt und mit Geschenken bestückt werden.

Anleitungen

Zusammengebundene Tischdecke

Sie benötigen

Baumwollstoff
3,2 m Band (12 mm breit)
Maßband
Schere
Stecknadeln
Nähmaschine
Nadel und Garn

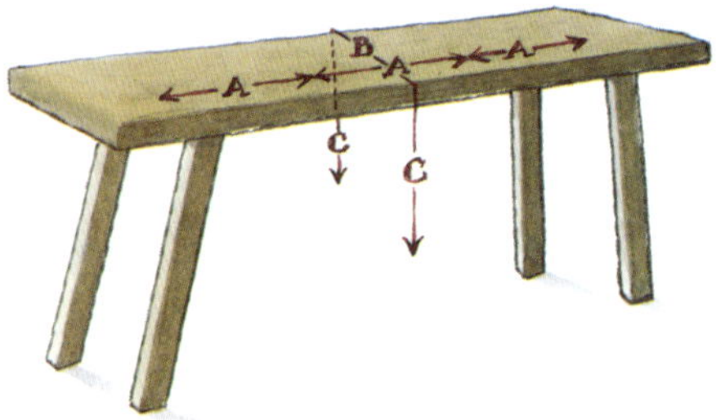

1 Zuerst messen Sie die Länge der Tischplatte aus und entscheiden, bis zu welcher Stelle der Stoff aufliegen soll (A). Messen Sie nun die Breite des Tisches (B) aus und rechnen Sie den gewünschten Überhang (C) dazu. Schneiden Sie drei Stücke Stoff mit der erforderlichen Länge aus (1-mal Breite und 2-mal Überhang). Geben Sie jeweils rundum 2 cm für den Saum zu.

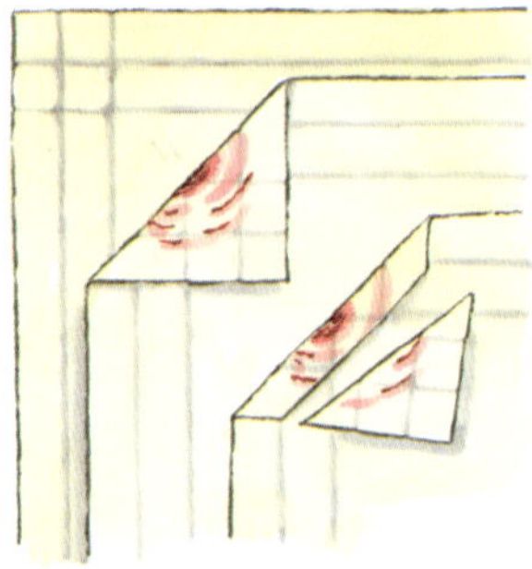

2 Damit die Ecken sauber werden, legen Sie an jeder Stoffseite einen doppelten 1 cm breiten Saum und bügeln ihn glatt. Anschließend öffnen Sie ihn wieder. Mithilfe der Bügelmarkierungen falten Sie die Ecken so über den Stoff, dass die Falte durch den Punkt verläuft, an dem sich die beiden inneren Markierungen kreuzen. Bügeln Sie die schräge Falte fest, dann schneiden Sie die Spitze bis auf 1 cm für den Saum ab.

3 Schlagen Sie die Säume wieder um und stecken Sie die Ecken fest. Nähen Sie erst rundherum die Säume mit der Maschine, dann nähen Sie die Ecken von Hand zusammen. Wiederholen Sie die Schritte 2 und 3 mit den restlichen Stoffbahnen.

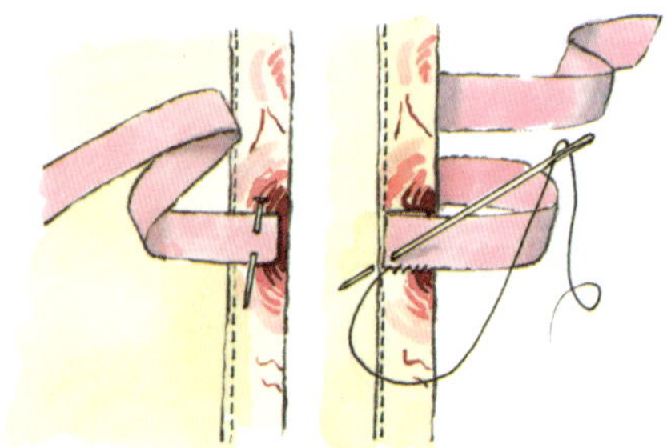

4 Legen Sie nun die drei Stoffe auf den Tisch und achten Sie darauf, dass sie gleich lang überhängen. Markieren Sie die Stellen, an denen die Bänder befestigt werden sollen, mit Stecknadeln. Achten Sie darauf, dass sich die Bänder exakt gegenüberliegen. Nähen Sie die Bänder mit der Hand fest und schneiden Sie sie mit einer Schere schräg ab.

Kissen mit Monogramm

Sie benötigen

Ein rechteckiges Stück alten Leinenstoff
(2,5-mal so lang und so breit wie das Kissen + 3 cm für den Saum)

Quadratisches Kissen

Filzquadrat

Buchstabenvorlage

Maßband

Stecknadeln

Nähmaschine

Schere

Nadel und Garn

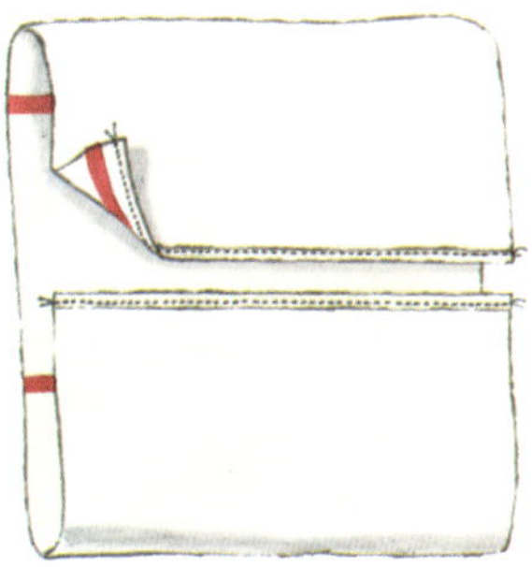

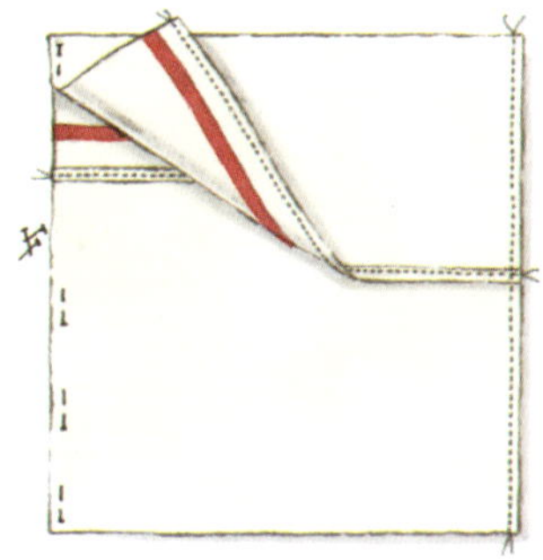

1 Schlagen Sie an den kurzen Seiten des Stoffes jeweils einen 1 cm breiten Saum um und nähen Sie ihn fest.

2 Legen Sie den Stoff rechts auf rechts wie abgebildet zusammen. Die beiden Säume in der Mitte überlappen sich dabei. Fixieren Sie das Ganze mit Stecknadeln und nähen sie die Seiten zusammen. Jetzt drehen Sie den Bezug auf die rechte Seite und bügeln ihn.

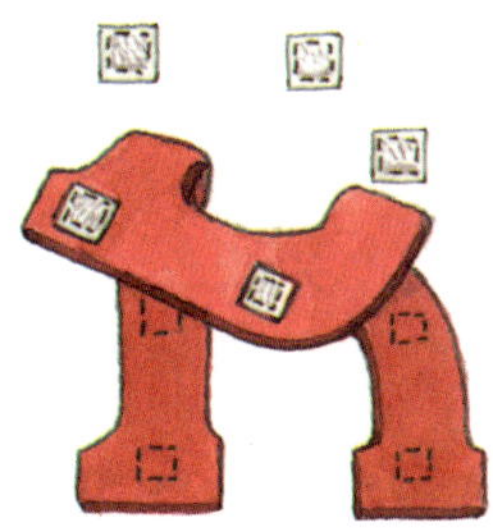

3 Mithilfe der Buchstabenvorlage schneiden Sie die Buchstaben aus Filz aus und legen diese auf die Vorderseite des Kissens. Befestigen Sie sie mit Stecknadeln und nähen Sie sie mit der Hand fest. Achten Sie darauf, die Nadel nicht durch die Rückseite des Kissens zu stechen. Stecken Sie das Kissen durch die Öffnung auf der Rückseite hinein.

4 Wenn der Bezug häufig gewaschen werden muss, ist es am besten, abnehmbare Buchstaben anzufertigen, denn Filz ist oft nicht farbecht. Am besten geht das mit kleinen Stücken Klettverschlussband, die Sie von Hand aufnähen.

Serviettenring mit Hohlsaum

Sie benötigen

Ein Stück gleichmäßig gewebtes Leinen (23,5 x 12 cm)

Maßband

Stecknadeln

Spitze Schere

Nadel und Garn

Perlmuttknopf (6 mm Durchmesser)

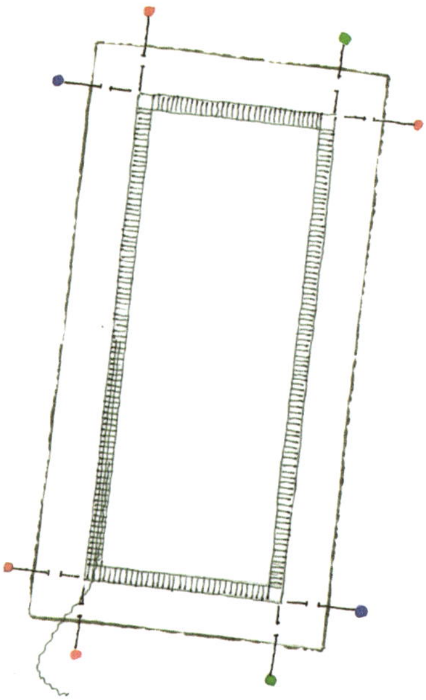

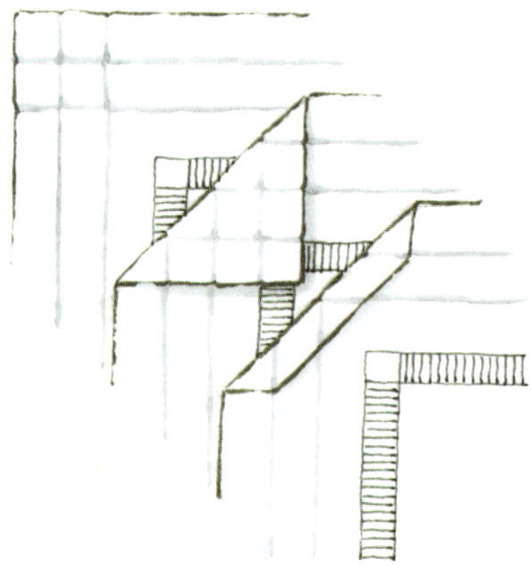

1 Messen Sie rundherum einen 4 cm breiten Saum ab und stecken Sie ihn fest. Ziehen Sie nun vom Saum nach innen auf einem 4 mm breiten Streifen die Fäden heraus, sodass die Streifen ein Rechteck bilden. Dafür schneiden Sie vorsichtig die Fäden in der Mitte durch und ziehen die Hälften nach jeder Seite heraus.

2 Bügeln Sie rundherum einen doppelten, 1,2 cm breiten Saum nach links. Dann öffnen Sie die Säume wieder. Mithilfe der Bügelmarkierungen falten Sie die Ecken so über den Stoff, dass die Faltkante durch den Punkt verläuft, an dem sich die beiden inneren Markierungen kreuzen. Bügeln Sie die schräge Falte, dann schneiden Sie die Spitze bis auf 1 cm für den Saum ab. Wiederholen Sie das Ganze mit den restlichen drei Ecken.

3 Legen Sie die Säume wieder um und heften Sie diese fest. Gestickt wird von links nach rechts. Ziehen Sie einen Faden durch die Nadel und führen Sie ihn zwei Fäden unterhalb der gezogenen Fäden ein – durch den umgelegten Saum an der rechten Ecke. Ziehen Sie Nadel und Garn hinter vier lose Fäden und führen Sie die Nadel dann wieder nach vorn.

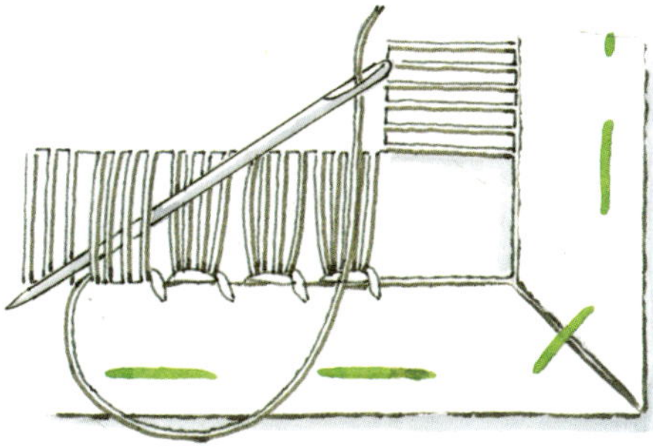

4 Jetzt führen Sie die Nadel über dieselben vier Fäden zurück auf die rechte Seite. Ziehen Sie das Garn dabei fest um die Faserbündel. Wieder stecken Sie die Nadel zwei Fäden unterhalb der gezogenen Fäden in den Saum. Den Stickfaden anspannen und das nächste Fadenbündel umfassen. So fortfahren, bis der gesamte Bereich der gezogenen Fäden fertig ist. Dabei wird gleichzeitig der Saum fixiert.

5 Wiederholen Sie die Schritte 3 und 4 am inneren Rand der gezogenen Fäden. Entfernen Sie die Heftstiche.

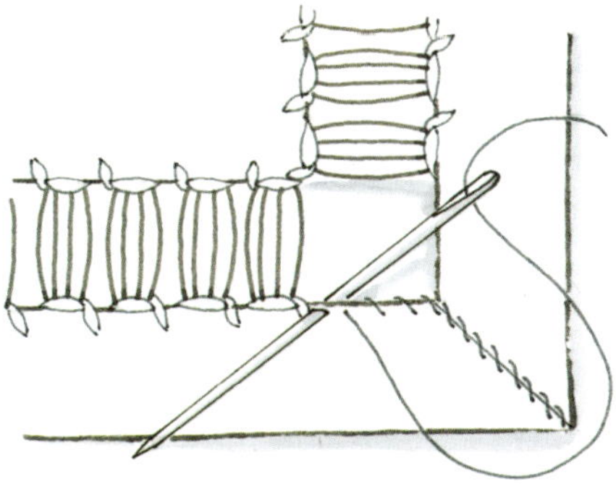

6 Nähen Sie die Kanten der Stoffecken und die quadratischen Ecken der Hohlsaumkante zusammen (Überwendlingsstich).

7 Nähen Sie den Knopf mittig auf eine der beiden kurzen Seiten und nähen Sie am gegenüberliegenden Ende eine Knopfschlaufe. Dafür machen Sie vier Schlingen (6 mm auseinander). Achten Sie darauf, dass der Knopf auch wirklich hindurch passt.

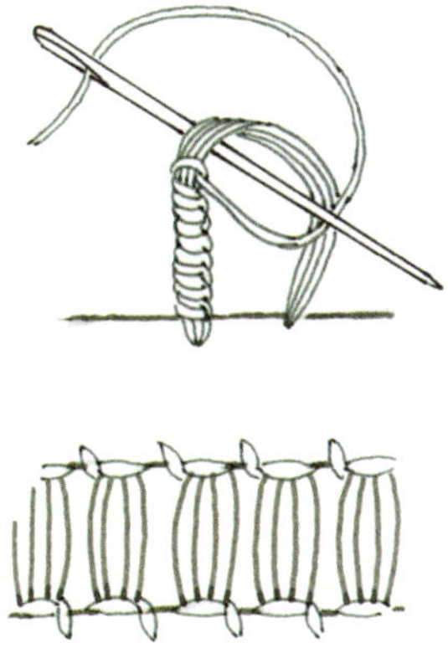

8 Stabilisieren Sie die Knopflochschlinge mit Schlingenstichen, wobei die Kante des Stichs auf der Innenseite der Knopflochschlinge verläuft.

Kissen mit Knöpfen

Sie benötigen

Ein altes Leinenlaken mit Monogramm oder eine Damast-Tischdecke

Rechteckiges Kissen

Maßband

Zwei Knöpfe (Durchmesser 15 mm)

Schere

Nähmaschine

Schneiderkreide

Nadel und Garn

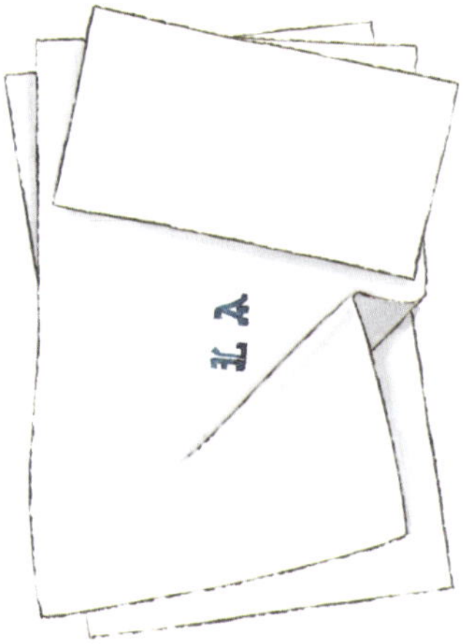

1 Messen Sie Länge und Breite Ihrer Kissenform ab. Geben Sie jeweils 1,5 cm für die Nähte hinzu und schneiden Sie entsprechend der Maße die Vorderseite des Bezuges zu. Das Monogramm sollte mittig sitzen. Schneiden Sie nun in derselben Größe die Rückseite aus dem Stoff zu und ein zweites kleineres Rückenteil (Länge 21,5 cm) in der Breite des Kissens. Auch hier geben Sie 1,5 cm für die Nähte hinzu.

2 An einer langen Kante des kleineren Rückenteils legen Sie einen 1,5 cm breiten Saum auf die rechte Seite und bügeln diesen glatt. Legen Sie einen weiteren 4 cm breiten Saum um und bügeln diesen ebenfalls glatt. Steppen Sie diesen mit der Maschine ab. Wiederholen Sie das Ganze an der kurzen Seite des großen Rückenteils – legen Sie erst einen 4 cm breiten Saum und anschließend einen 6 cm breiten Saum um und steppen Sie ihn ab.

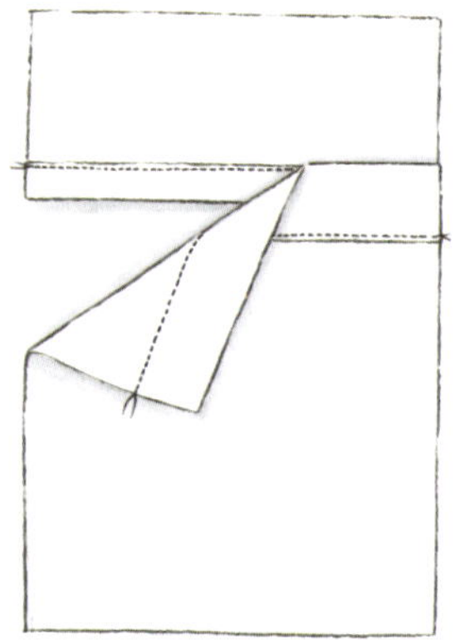

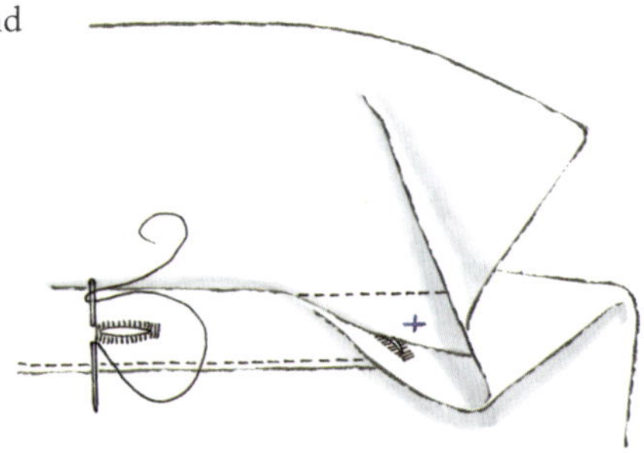

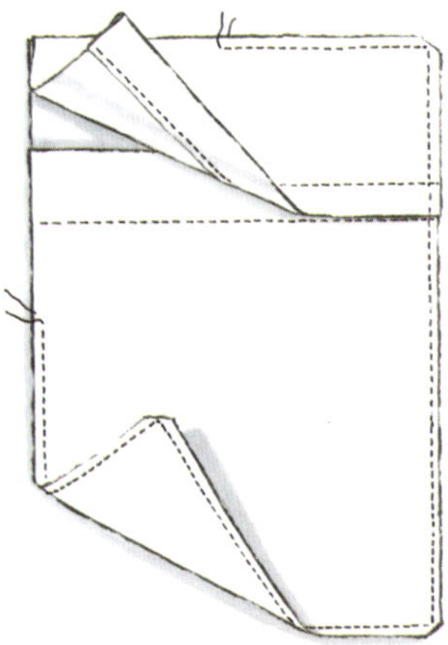

3 Platzieren Sie das große Rückenteil rechts auf rechts auf der Vorderseite, sodass alle ungesäumten Kanten passgenau aufeinander liegen. Legen Sie nun das kleine Rückenteil darauf, sodass sich die gesäumten Kanten überlappen und die ungesäumten Kanten wieder passgenau aufeinander liegen. Nähen Sie die Teile an allen Seiten mit einer 1,5 cm breiten Nahtzugabe zusammen. Schneiden Sie die Nahtzugabe an jeder Ecke schräg ab und wenden Sie das Kissen.

4 Mithilfe von Schneiderkreide markieren Sie die Position von zwei horizontalen Knopflöchern mit gleichmäßigem Abstand auf dem Saum der großen Rückseite. Nähen Sie die Knopflöcher mit der Maschine und schneiden Sie das Knopfloch zum Schluss auf. Von Hand schneiden Sie erst den Schlitz und nähen dann. Markieren Sie am Saum des schmalen Rückenteils die Position der Knöpfe durch die Knopflöcher hindurch und nähen Sie die Knöpfe an.

Lavendelherzen

Sie benötigen

Alten Baumwoll- oder Leinenstoff, der zum Bezug passt

Getrocknete Lavendelblüten oder ein anderes Potpourri

Einen Knopf

Papier für die Vorlage

Stift und Schere

Zickzackschere

Nadel und Garn

Sicherheitsnadel (nach Belieben)

1 Falten Sie das Papier und zeichnen Sie an der gefalteten Kante ein halbes Herz auf. Schneiden Sie die Vorlage aus beiden Papierlagen aus. Breiten Sie die Vorlage flach auf dem Stoff aus und schneiden Sie mit der Zickzackschere zwei Herzen aus Stoff zu.

2 Nähen Sie die beiden Herzen mit einer 6 mm breiten Nahtzugabe links auf links zusammen. Lassen Sie ein kleines Stück des Saumes offen.

3 Rollen Sie ein Stück Papier zu einem Trichter zusammen und füllen Sie durch die kleine Öffnung das Herz mit Lavendelblüten.

4 Nähen Sie die kleine Öffnung zu und nähen Sie als Schmuck einen kleinen Knopf auf das Herz. Befestigen Sie das Herz mit einigen wenigen Stichen oder mit einer Sicherheitsnadel am Kissenbezug.

Schneller Leinenvorhang

Sie benötigen

Ein altes Leinenlaken

Vorhangringe mit Clips

Gardinenstange

Stecknadeln

2 Falten Sie den Stoff mit umgeschlagenem Volant hälftig längs und markieren Sie die Mitte an der oberen gefalteten Kante mit einer Stecknadel.

1 Messen Sie die Länge Ihres Fensters von der Gardinenstange bis zum Boden aus. Schlagen Sie für den Volant die obere Kante des Lakens so weit um, bis die gewünschte Länge erreicht ist. Wenn der Vorhang auf dem Boden aufliegen soll, müssen Sie ihn entsprechend verlängern.

3 Schieben Sie den mittleren Vorhangring in die Mitte und hängen Sie nun den Vorhang mit der markierten Stelle an den Vorhangclip. Nun befestigen Sie die restlichen Clips nach links und rechts am Vorhang.

Scheiben-gardinen

Sie benötigen

Geschirrhandtücher

Maßband

Nähmaschine

Nadel und Garn

Scheibengardinenstange und -ringe

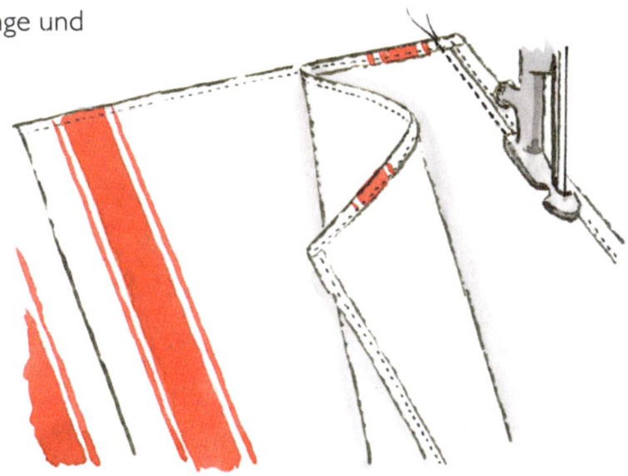

1 Messen Sie Länge und Breite Ihres Fensters aus. Achten Sie darauf, dass die Handtücher lang genug sind, um bis zur Fensterbank zu reichen. Wie viele Handtücher Sie nehmen, hängt davon ab, wie dicht Sie den Faltenwurf haben möchten. Normalerweise reicht die 1 ½-fache Breite. Waschen Sie die Handtücher vorher, falls sie noch einlaufen.

2 Stecken Sie die Handtücher rechts auf rechts aufeinander. Mit dem Reißverschlussfuß Ihrer Nähmaschine nähen Sie die Handtücher an einer Längsseite zu einem Vorhang zusammen. Nähen Sie dabei so nah wie möglich an den Nähten der Handtücher. Bügeln Sie die Nähte auseinander.

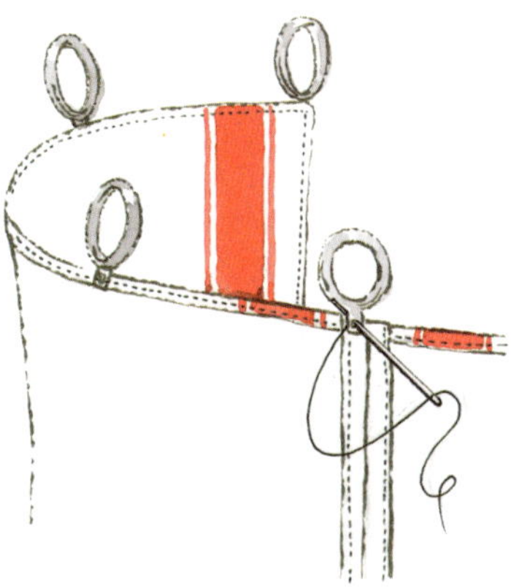

3 Nähen Sie die Ringe an den oberen Saum des Vorhangs. Die Abstände sollten möglichst gleich sein.

4 Ziehen Sie die Ringe auf die Scheibengardinenstange und bringen Sie diese am Fensterrahmen an.

Lampenschirmbezug

Sie benötigen

Baumwollstoff

Gardinenband (2,5 cm breit)

Schere

Nähmaschine

Nadel und Garn

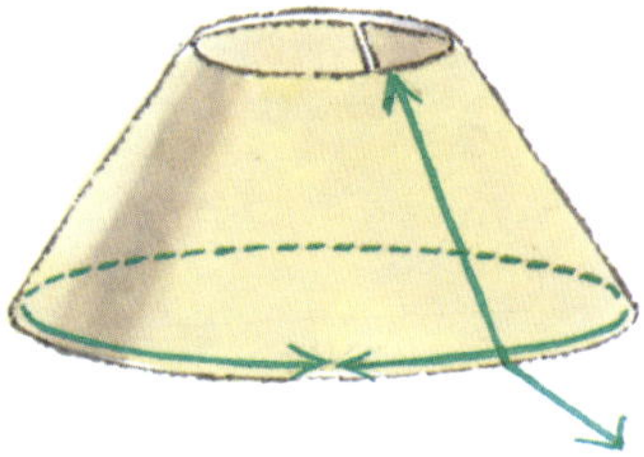

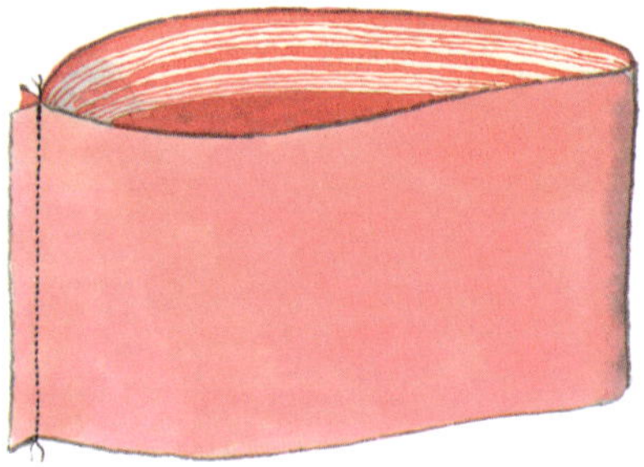

1 Messen Sie den unteren Umfang des zu beziehenden Lampenschirms und die Höhe aus. Geben Sie zum Höhenmaß 15 cm für den Saum hinzu und multiplizieren Sie den unteren Umfang mit 1,5. Nach diesen Maßen schneiden Sie ein Stück Stoff zurecht.

2 Legen Sie den Stoff wie im Bild rechts auf rechts zusammen. Nähen Sie mit der Maschine die kurzen Kanten zusammen (Nahtzugabe von 1,5 cm). Versäubern Sie die Nahtzugaben.

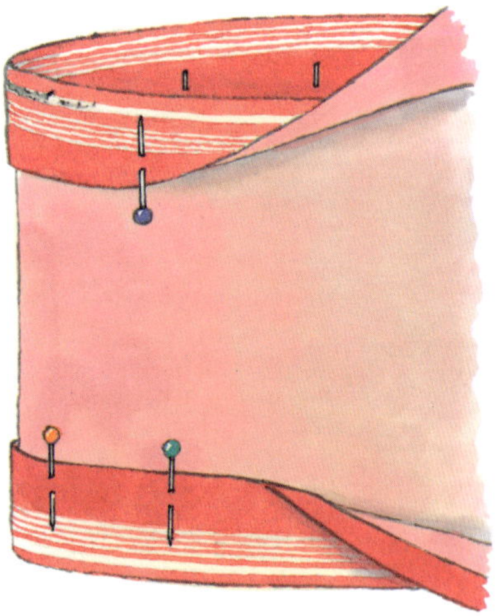

3 Entlang der unteren Kante legen Sie für den Saum den Stoff 1 cm breit um, dann noch einmal 4 cm. Bügeln Sie den Saum und steppen Sie dann mit der Maschine eine Naht nahe an der Faltkante. Entlang der oberen Stoffkante falten Sie einen 4 cm breiten Saum und bügeln ihn fest.

4 Beginnen Sie an der Seitennaht. Stecken Sie das Gardinenband mit Stecknadeln fest, das Ende des Bandes sollte den Anfang etwa 1 cm überlappen und die offene Kante der Seitennaht überdecken. Nähen Sie das Band mit der Maschine oben und unten fest. Ziehen Sie nun am Gardinenband, um den oberen Teil Ihres Lampenschirms zu raffen. Dann verknoten Sie die Bänder. Setzen Sie den neuen Lampenschirm auf den alten.

Kontrastierende Schleifen-Vorhänge

Sie benötigen

Bedruckten Baumwollstoff

Kontrastierend bedruckten Baumwollstoff

Passendes Band (1 cm breit)

Maßband

Schere

Nähmaschine

Passendes Garn

Stecknadeln

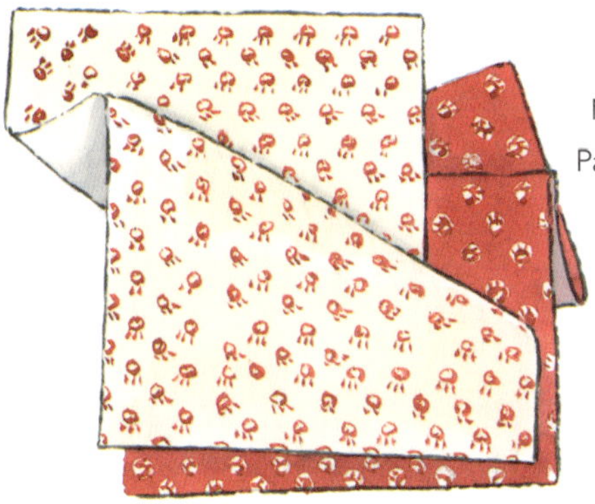

1 Messen Sie von der Gardinenstange bis zum Boden die gewünschte Länge der Gardine aus. Geben Sie 4 cm für Säume hinzu. Das Maß von einer Seite des Fensters bis zur nächsten multiplizieren Sie mit 1,5. Schneiden Sie für jeden Vorhang ein entsprechendes Stück aus beiden Stoffen aus.

2 Legen Sie die beiden Stoffstücke rechts auf rechts aufeinander und nähen Sie die Stoffe unten und an den Seiten mit einer 1,5 cm breiten Nahtzugabe zusammen. Schneiden Sie die Ecken der Nahtzugaben diagonal ab.

3 Wenden Sie den Vorhang, sodass die rechten Seiten außen liegen. Bügeln Sie die Nähte. Schlagen Sie an der offenen Seite einen 2,5 cm breiten Saum nach innen und markieren Sie in gleichmäßigen Abständen die Positionen für die Bänder mit Stecknadeln.

4 Schneiden Sie 50 cm lange Bänder zurecht. Legen Sie diese zusammen und befestigen Sie das geschlossene Ende der Bänder an den zuvor markierten Positionen. Nähen Sie die Vorhänge oben über die Bänder hinweg mit der Maschine zusammen.

Musselin-Himmelbett

Sie benötigen

Bedruckten Baumwollvoile

Vorlage für das Oberteil (siehe Seite 137)

3,2 m weißes Baumwollband

Schrägband (2,5 cm breit)

Einen Reifen (Durchmesser 66 cm)

20 cm weißes Gurtband aus Baumwolle (2,5 cm breit)

Maßband

Schere, Nähmaschine

Stecknadeln

Nadel und Garn

1 Nehmen Sie von dem Punkt aus, wo Ihr Betthimmel hängen soll, bis zum Fußboden Maß und ziehen Sie 35,5 cm davon ab. Schneiden Sie neun Stücke aus dem Voilestoff auf dieses Maß zu und entfernen Sie von jedem Stoffteil die Webkante. Vergrößern Sie die Vorlage für das Oberteil auf die volle Größe und schneiden Sie entsprechend acht Teile aus dem Stoff zu.

2 Nähen Sie die Hauptbahnen zu einem großen Stück zusammen. Versäubern Sie die Nahtzugaben zusammen. Steppen Sie nun einen schmalen doppelten Saum an der unteren Kante des Stoffes und an den beiden Seiten. Glattbügeln. Legen Sie die Stoffbahn etwa alle 3 cm in 2,5 cm tiefe Falten und nähen Sie diese fest.

3 Nähen Sie die acht oberen Teile kreisförmig zusammen. Versäubern Sie die Nahtzugaben zusammen. Schneiden Sie das Baumwollband in acht gleich große Stücke, falten Sie diese jeweils auf die Hälfte und stecken Sie sie mit dem gefalteten Ende am Kreisrand an den Nähten auf links fest. Nähen Sie Kopfteil und Hauptteil rechts auf rechts zusammen und nähen Sie die Bänder dabei mit fest. Die Seitenkanten des Hauptteils sollten sich leicht überlappen.

4 Wickeln Sie das Schrägband komplett um den Reifen. Binden Sie den Reifen auf der Innenseite des Himmels mit den Bändern fest. Falten Sie das Gurtband zu einer Schlinge und nähen Sie diese von Hand an die Spitze des Betthimmels.

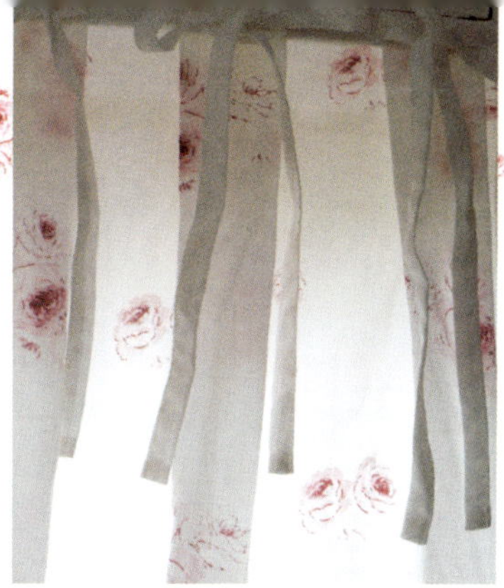

Schlafzimmer-vorhänge

Sie benötigen

Bedruckten Baumwollstoff

Klettverschlussband (mit einer Seite zum Aufnähen und einer selbstklebenden)

Maßband

Schere

Nähmaschine

Stecknadeln

Nadel und Garn

1 Messen Sie die Länge des Fensterrahmens bis zum Boden und die Breite des Rahmens aus. Geben Sie 6 cm für die Säume hinzu und verdoppeln Sie die abgemessene Breite. Schneiden Sie jetzt den Stoff zu und nähen Sie alle Kanten mit einem doppelten Saum (1,5 cm) um.

2 Stecken Sie an der oberen Kante bis 10 cm vor die Seitenkanten Falten im Abstand von 20 cm mit Stecknadeln ab. Falten Sie den Stoff an einer Stecknadel-Position wie abgebildet links auf links zusammen und nähen Sie jetzt mit der Maschine im Abstand von 5 cm zur Faltkante etwa 10 cm faltenparallel nach unten. Für alle Falten wiederholen. Legen Sie die Falten wie abgebildet zusammen und stecken Sie sie fest.

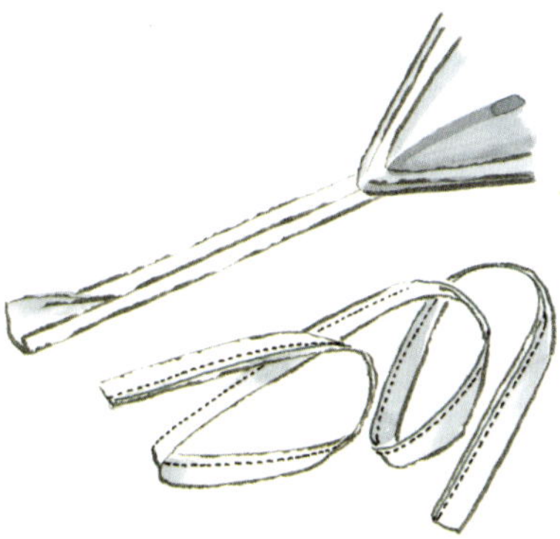

3 Für jede Falte schneiden Sie jetzt einen Stoffstreifen (84 × 5 cm) ab. Falten Sie jeden Streifen der Länge nach links auf links und bügeln Sie die Faltkante. Dann falten Sie die Streifen wieder auf und bügeln auf den kurzen Seiten 1 cm Stoff nach links. Jetzt bügeln Sie die langen Seiten der Länge nach auf links zur Bügellinie in der Mitte. Die Streifen entlang dieser Linie wieder falten und an der offenen Längskante zusammennähen.

4 Falten Sie die Bänder in der Mitte, stecken Sie die gefalteten Enden jeweils in die Mitte einer Falte des Vorhangs und stecken Sie sie fest. Mit der Maschine quer oben über jede Falte nähen. Nähen Sie nun die eine Seite des Klettbandes an der linken Seite der oberen Vorhangkante fest und befestigen Sie die selbstklebende Seite am Fensterrahmen. Fixieren Sie den Vorhang daran und binden Sie die Schleifen.

Wärmflaschenbezug

Sie benötigen

Papier für die Vorlage

Bedruckten Baumwollstoff

Kontrastierenden Futterstoff

Wärmflasche

Maßband

Stift

Schere

Nähmaschine

Stecknadeln

Nadel und Garn

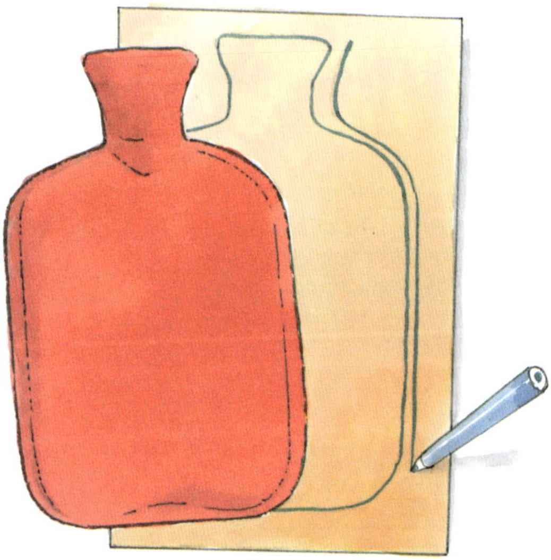

1 Für die Vorlage legen Sie die Wärmflasche auf ein Stück Papier und zeichnen den Umriss nach. Geben Sie rundherum für die Nähte 1 cm hinzu. Falten Sie das Papier in der Mitte der Schablone und schneiden Sie die Vorlage aus dem doppelten Papier aus. So bekommen Sie eine symmetrische Form. Prüfen Sie, ob diese immer noch passt. Schneiden Sie mithilfe der Vorlage zwei Teile aus dem Baumwollstoff und zwei aus dem Futter. Aus dem bedruckten Stoff schneiden Sie vier Bänder (4 × 25 cm) aus.

2 Nähen Sie den bedruckten Stoff mit 1 cm Nahtzugabe an den drei geraden Seiten rechts auf rechts zusammen und lassen Sie die obere geschwungene Kante offen. Wiederholen Sie dies mit dem Futterstoff.

3 Schneiden Sie den Saum in den Rundungen unten und oben ein und bügeln Sie ihn an der oberen Seite vorsichtig 1 cm auf die linke Seite um. Wiederholen Sie dies beim Futter.

4 Wenden Sie jetzt die bedruckte Seite des Bezugs nach außen und legen Sie den Futterbezug hinein. Achten Sie darauf, dass die Seitennähte und die oberen gebügelten Kanten aufeinanderliegen. Stecken Sie die obere Kante mit Stecknadeln fest.

5 Falten Sie die Stoffstreifen der Länge nach links auf links und bügeln Sie die Faltkante. Dann falten Sie die Streifen wieder auf und bügeln die langen Seiten der Länge nach auf links zur Bügellinie in der Mitte. Die Streifen entlang dieser Linie wieder falten und an der offenen Längskante zusammennähen.

6 Stecken Sie jeweils ein Ende eines Bandes zwischen die Stoffschichten am Hals des Bezugs. Achten Sie darauf, dass die zugehörigen Bänder auf gleicher Höhe sind. Fixieren Sie diese mit Stecknadeln.

7 Nähen Sie die oberen gebügelten Kanten der Bezüge von Hand zusammen und erfassen Sie dabei auch die Bänder.

Kissenbezug mit Schleifen

Sie benötigen

Zwei Stücke Stoff mit Länge in Kissenform und 2/3 der Kissenbreite

Ein Stück kontrastierenden Stoff in der Größe des Kissens, plus auf allen Seiten 1,5 cm Nahtzugabe

Vier Streifen Stoff (35,5 × 4 cm)

Ein quadratisches Kissen

Maßband

Schere

Nähmaschine

Nadel und Garn

Stecknadeln

1 Schneiden Sie die Stoffe entsprechend den obigen Angaben aus. Bügeln Sie einen 1,5 cm breiten Saum jeweils auf der langen Seite der beiden schmaleren Vorderseiten um und steppen Sie ihn mit der Maschine ab.

2 Bügeln Sie den Stoff nochmals 4 cm an den bereits gesäumten Seiten um. Heften Sie den Saum an beiden Kanten fest.

3 Steppen Sie jetzt mit der Maschine an einem Teil eine Naht eng an der Bügelkante entlang. Kürzen Sie dieses Vorderteil wie abgebildet auf die halbe Breite Ihres Kissens plus 1,5 cm Nahtzugabe.

4 Legen Sie dieses schmalere Vorderteil rechts auf rechts auf das Rückenteil, sodass die unversäuberten Kanten aufeinander zu liegen kommen. Legen Sie nun das breitere Vorderteil ebenfalls rechts auf rechts kantengenau darauf, die gesäumten Kanten überlappen sich dabei. Nähen Sie die Teile an allen Seiten mit einer 1,5 cm breiten Nahtzugabe zusammen.

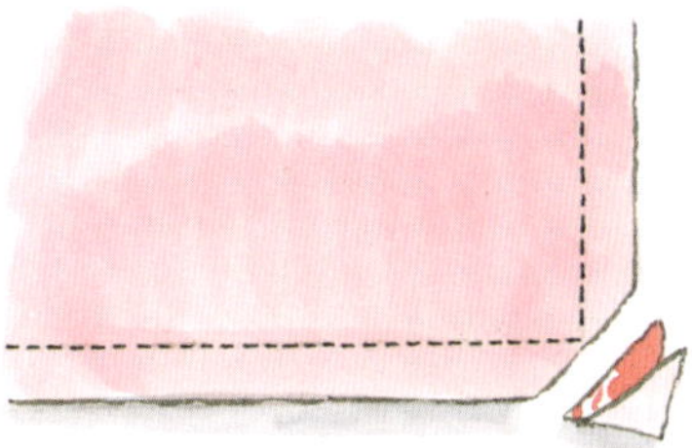

5 Schneiden Sie die Ecken wie abgebildet schräg ab. Wenden Sie den Bezug und bügeln Sie ihn.

6 Falten Sie die Stoffstreifen der Länge nach links auf links und bügeln Sie die Faltkante. Dann falten Sie die Streifen wieder auf und bügeln die langen Seiten der Länge nach auf links zur Bügellinie in der Mitte. Die Streifen entlang dieser Linie wieder falten und an der offenen Längskante zusammennähen.

7 Markieren Sie mit Stecknadeln die Bänderpositionen auf dem Unterteil der Vorderseite und lassen Sie etwa ein Viertel Kissenbreite Abstand zur Seitennaht. Markieren Sie nun mit weiteren Stecknadeln die zugehörigen Bandpositionen auf dem Oberteil der Vorderseite.

8 Nähen Sie die Bänder von Hand an: auf dem oberen Vorderteil innen und auf dem unteren Vorderteil entsprechend auf der rechten Seite. Stecken Sie das Kissen durch die vordere Öffnung in den Bezug und binden Sie die Bänder zusammen.

Bett-Volant

Sie benötigen

Karierten Baumwollstoff

Lakenstoff

Maßband

Schere

Nähmaschine

Garn

Stecknadeln

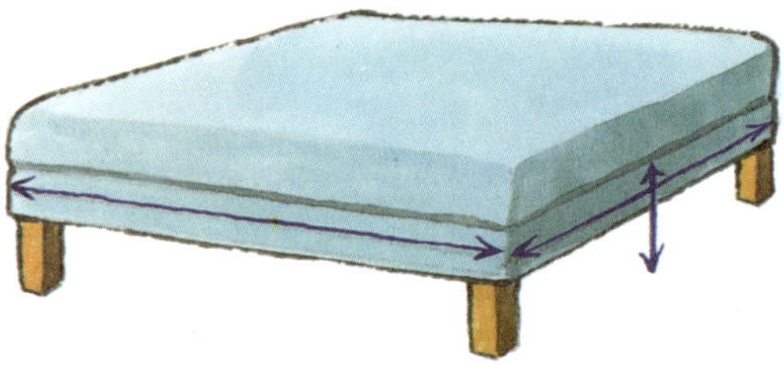

1 Messen Sie Länge und Breite Ihres Bettes (ohne Matratze) und die Höhe des Bettrahmens bis zum Boden aus. Aus dem karierten Stoff schneiden Sie die Volantteile zu: Für das Fußende schneiden Sie ein Stück (in der abgemessenen Breite) aus plus 51 cm für Falten, in der Höhe geben Sie auf beiden Seiten jeweils 1,5 cm hinzu. Für die Seiten schneiden Sie zwei Stücke in der abgemessenen Länge aus plus 58 cm für die Falten. In der Höhe geben Sie auf beiden Seiten jeweils 1,5 cm hinzu. Aus dem Laken schneiden Sie ein Oberteil in den jeweiligen Maßen für Länge und Breite aus plus rundum 1,5 cm.

2 Nähen Sie die Seitenvolants rechts auf rechts mit 1,5 cm Nahtzugabe an die Schmalseiten des Fußvolants. Versäubern Sie die Kanten zusammen und bügeln Sie sie nach einer Seite.

3 Bügeln Sie auf drei Seiten des langen Streifens zunächst 6 mm Stoff, dann noch einmal 1 cm nach links um. Steppen Sie die Säume mit der Maschine ab.

4 Falten Sie das Fußvolantteil in der Mitte und markieren Sie diese mit einer Stecknadel an der unversäuberten Kante. Messen Sie nun 7,5 cm von den gesäumten Seitenkanten der Seitenteile Richtung Fußvolant hin ab und markieren Sie diese Positionen ebenfalls mit Nadeln. Falten Sie jetzt die Seitenteile so, dass diese Nadeln auf die Nähte zwischen Fuß- und Seitenteilen zu liegen kommen. Markieren Sie die Faltkanten mit Nadeln.

5 Markieren Sie die Positionen 12,5 cm rechts und links von jeder Nadel mit weiteren Nadeln und legen Sie diese wie abgebildet zur mittleren Nadel hin, um die Falten auszuformen. Stecken und heften Sie die Falten fest.

6 Messen Sie jetzt 12,5 cm zu jeder Seite der beiden Nähte, an denen die Fuß- und Seitenteile zusammentreffen, und bilden Sie die Falten, indem Sie die Nadeln zur Naht hin zusammenlegen. Stecken und heften Sie diese Falten ebenfalls fest. Sie sollten nun fünf ganze Falten und an den Saumkanten der Seitenteile jeweils eine halbe Falte mit 7,5 cm Abstand zur Saumkante haben.

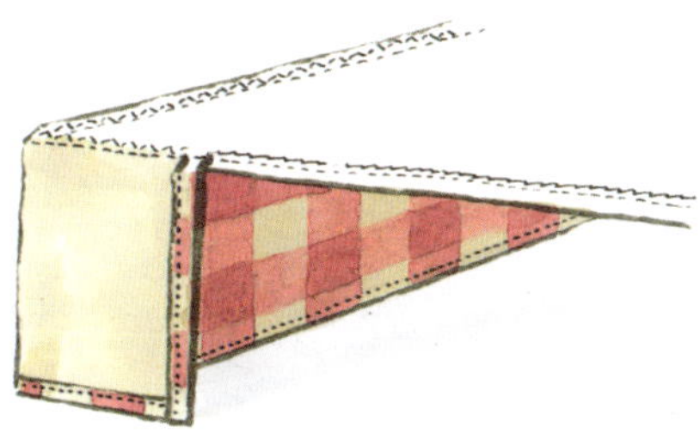

7 Markieren Sie die Mitte jeder Seite des Lakens mit einer Stecknadel und stecken Sie Laken und Volant rechts auf rechts so zusammen, dass die Falten an den Stecknadeln und den Ecken zu liegen kommen. Schneiden Sie die Ecken der Nahtzugaben wie abgebildet ab. Nähen Sie Laken und Volant mit 1,5 cm Nahtzugabe aneinander und versäubern Sie die Nahtzugaben zusammen.

8 Zum Schluss versäubern Sie die noch offene Kante des Lakens, bügeln 1,5 cm Saum um und steppen den Saum ab. Legen Sie das Ganze über das Bettgestell und dann die Matratze darauf.

Stuhlbezug

Sie benötigen

Ein quadratisches Kissen

Bedruckten Baumwollstoff

Dicke Kordel, so viel, um einmal um die Kissenkante herum zu kommen

1,15 m weißes Baumwollband (1 cm breit)

Maßband

Schere

Nähmaschine

Nadel und Garn

Schneiderkreide

Zwei Knöpfe (15 mm)

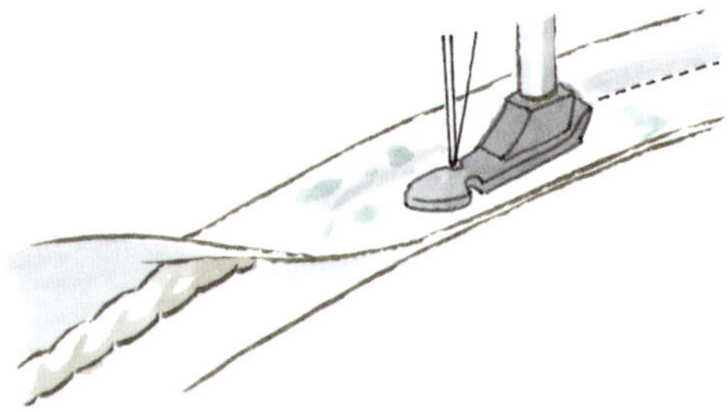

1 Messen Sie zuerst die Größe des Kissens aus. Schneiden Sie dann entsprechend Ihrer Maße zwei quadratische Stücke aus dem Stoff. Schneiden Sie nun ein rechteckiges Stück zu, so breit wie das Kissen, aber nur zwei Drittel so lang, zuzüglich 1,5 cm Nahtzugabe.

2 Messen Sie den Umfang Ihrer Biese aus und schneiden Sie danach einen genauso langen Streifen Stoff zuzüglich 1,5 cm Nahtzugabe schräg zum Fadenlauf. Legen Sie die Kordel mittig auf die linke Seite des Stoffstreifens und nähen Sie die Längskante mit dem Reißverschlussfuß nahe an der Kordel zusammen.

3 Legen Sie die Biese auf die rechte Seite eines der Stoffquadrate, die unversäuberten Kanten liegen dabei aufeinander. Damit die Biese gut um die Ecken geführt werden kann, schneiden Sie die Nahtzugabe an den Ecken ein. Die Biese festheften.

4 Um die Enden der Biese zu verbinden, trennen Sie die Maschinenstiche am jedem Ende etwa 5 cm auf und schneiden die Kordelenden so ab, dass sie sich gerade berühren. Binden Sie die Enden wie abgebildet mit Garn zusammen. Schlagen Sie die Nahtzugabe des Stoffstreifens auf einer Seite 6 mm nach innen und legen Sie sie über die unversäuberte Kante. Festheften.

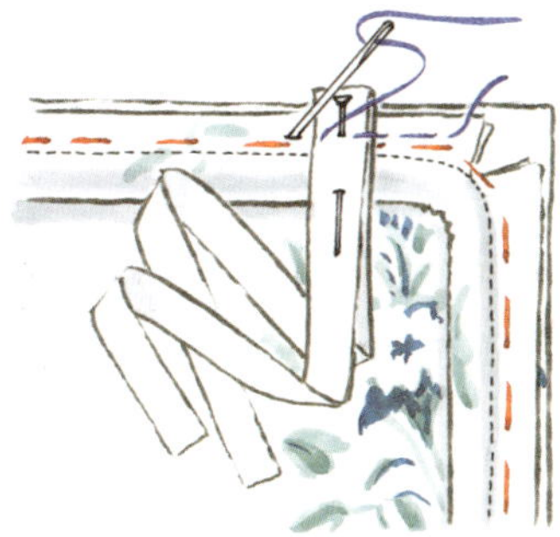

5 Markieren Sie die Position der Bindebänder auf dem mit der Biese versehenen Stoffquadrat. Schneiden Sie das Baumwollband in der Mitte durch, halbieren Sie die Hälften und heften Sie die Bänder mit der gefalteten Seite an den Stecknadelmarkierungen fest.

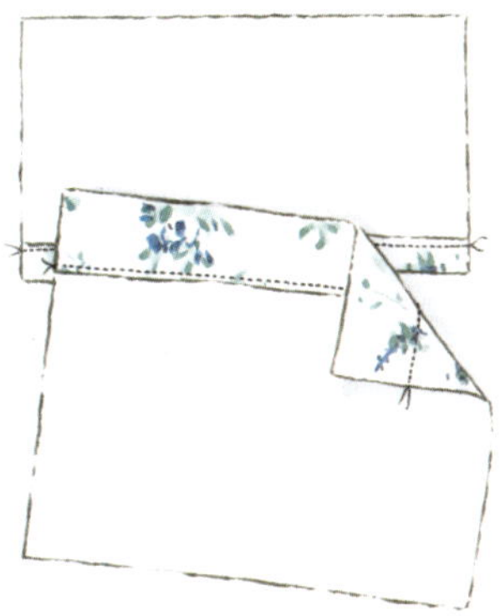

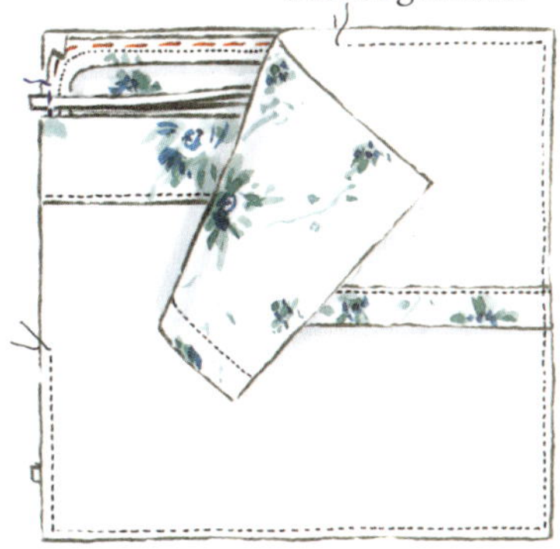

6 Auf dem zweiten Stoffquadrat bügeln Sie an einer Kante einen doppelten, 4,5 cm breiten Saum um und nähen ihn fest. Auf dem rechteckigen Stück bügeln Sie einen doppelten, 2 cm breiten Saum an einer Längskante und nähen ihn ebenfalls fest.

7 Legen Sie die Stoffteile wie abgebildet rechts auf rechts aufeinander. Stecken oder heften Sie alles fest und nähen Sie die Teile eng außen an der Kordel mit dem Reißverschlussfuß zusammen. Dabei werden gleichzeitig die Bindebänder mit festgenäht. Wenden Sie den Bezug und fertigen Sie Knopfverschlüsse wie in Schritt 4 auf Seite 88 gezeigt.

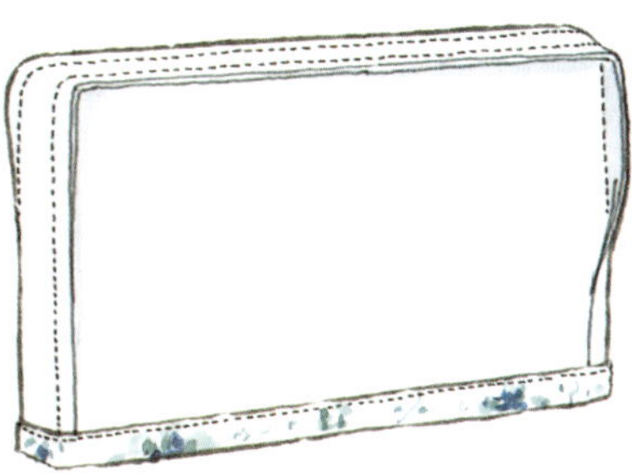

8 Messen Sie nun Breite und Höhe Ihres Stuhlrückens aus. Schneiden Sie zwei Stoffstücke entsprechend Ihrer Maße zuzüglich 1,5 cm Nahtzugabe aus, dann einen 5 cm breiten Streifen (bzw. so breit, wie die Lehne dick ist, plus 1,5 cm Nahtzugabe), so lang, wie die Stuhllehne breit ist, plus zweimal die Höhe der Lehne plus 3 cm Nahtzugabe. Nähen Sie die Teile wie abgebildet rechts auf rechts zusammen. Wenden und bügeln Sie den Bezug. Bügeln Sie dann erst 6 mm entlang der unteren Kante auf die linke Seite, dann noch einmal 1 cm und steppen Sie den Saum ab.

Nackenrolle

Sie benötigen

Eine Nackenrolle

Papier für die Vorlage

Bedruckten Baumwoll- oder Leinenstoff

Reißverschluss

Maßband

Stift

Schere

Stecknadeln

Nadel und Garn

Nähmaschine

Zwei bezogene Knöpfe

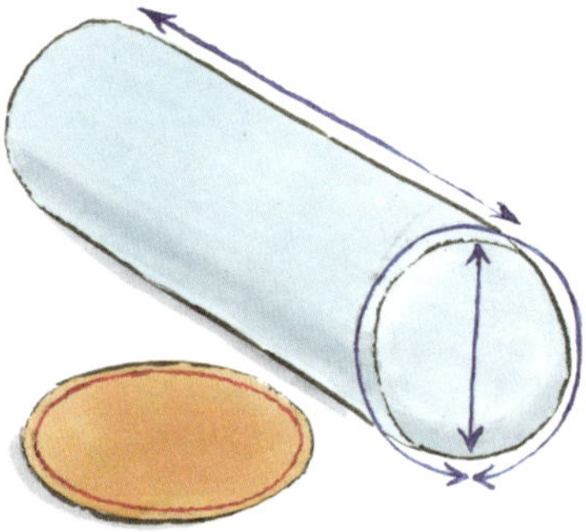

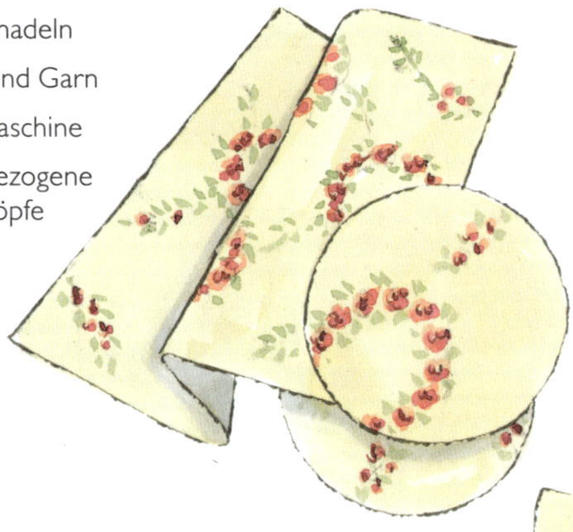

1 Messen Sie Länge, Umfang und Durchmesser der Nackenrolle aus. Für das Endstück zeichnen Sie einen Kreis mit dem Durchmesser der Nackenrolle aufs Papier und geben rundherum 1,5 cm Nahtzugabe hinzu.

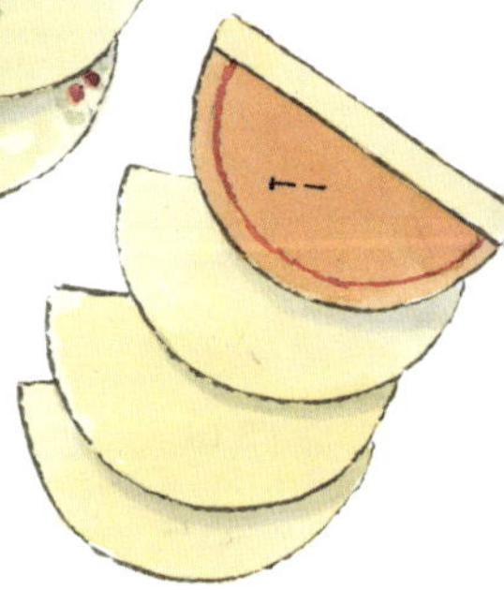

2 Schneiden Sie ein rechteckiges Stück Stoff zu mit der Länge der Nackenrolle und deren Umfang als Breite plus 1,5 cm Nahtzugabe an allen Seiten. Mithilfe der Schablone schneiden Sie zwei Endstücke aus dem Stoff aus. Falten Sie die Vorlage zur Hälfte zusammen und schneiden Sie vier Halbkreise aus dem Stoff aus (plus 1,5 cm an der geraden Seite).

3 Falten Sie das große Stück Stoff rechts auf rechts. Die lange Seite entspricht dabei der Länge der Nackenrolle. Heften Sie die Längsseite mit 1,5 cm Nahtzugabe zusammen.

4 Legen Sie jetzt den Reißverschluss auf die Kante und markieren Sie die beiden Enden des Verschlusses mit Stecknadeln. Nehmen Sie den Reißverschluss wieder ab und steppen sie die Naht von den Rändern bis zu den Stecknadeln ab. Bügeln Sie die Nahtzugaben auseinander.

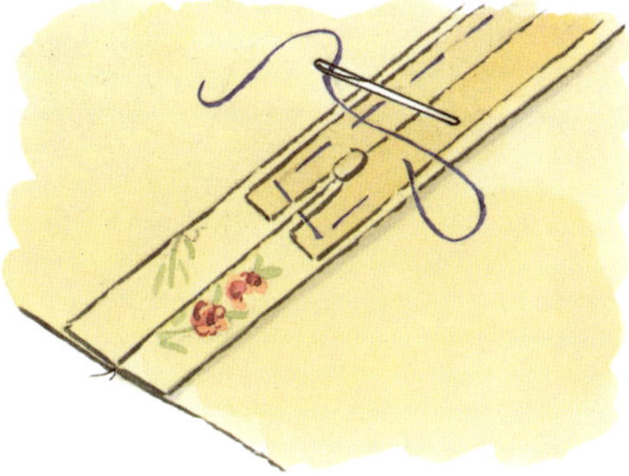

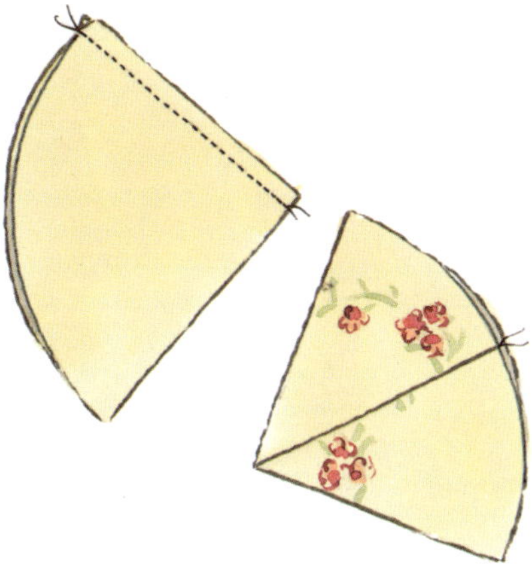

5 Legen Sie den Reißverschluss mit der Oberseite nach unten auf die Naht, stecken und heften Sie ihn fest. Wenden Sie den Stoff auf rechts und nähen Sie den Reißverschluss mit dem Reißverschlussfuß der Nähmaschine fest. Ziehen Sie den Heftfaden heraus und prüfen Sie, ob sich der Reißverschluss gut öffnen lässt.

6 Falten Sie die Halbkreise rechts auf rechts in der Mitte zu Viertelkreisen und steppen Sie die gerade Kante mit 1,5 cm Nahtzugabe ab. Wenden Sie den Viertelkreis auf rechts und bügeln Sie ihn so glatt, dass die Naht in der Mitte der einen Seite liegt. Wiederholen Sie das Ganze mit den restlichen drei Halbkreisen.

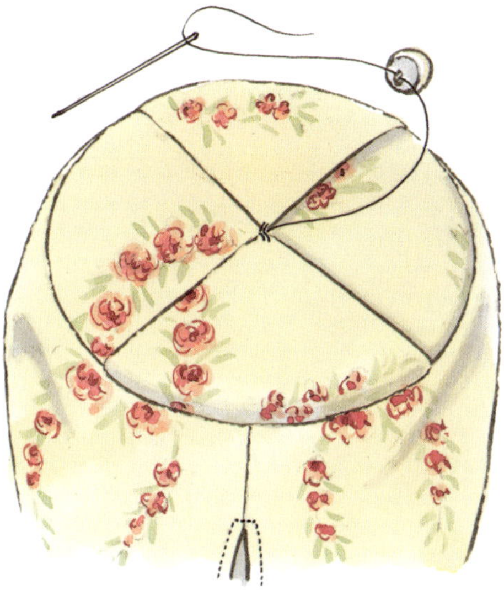

7 Falten Sie ein Seitenteil zweimal und markieren Sie die Faltkanten mit Stecknadeln. Falten Sie das Teil wieder auf und legen Sie zwei der Viertelkreise einander gegenüberliegend auf die rechte Seite des Kreises zwischen die Stecknadelmarkierungen. Heften Sie die Viertelkreise fest und wiederholen Sie dies mit dem anderen Endstück.

8 Öffnen Sie den Reißverschluss, wenden Sie das Hauptteil, heften Sie die Seitenteile rechts auf rechts an das Hauptteil und steppen Sie die Nähte mit 1,5 cm Nahtzugabe ab. Den Bezug wieder wenden. Mit der Hand nähen Sie die Viertelkreise in der Mitte zusammen und nähen zur Dekoration einen Knopf an. Stecken Sie das Kissen in den Bezug und schließen Sie den Reißverschluss.

Briefumschlag-Schuhbeutel

Sie benötigen

Zwei Stücke Toile de Jouy oder
anderen bedruckten Baumwollstoff, etwa 35,5 × 29 cm

Zwei Stücke Toile de Jouy oder
anderen bedruckten Baumwollstoff, etwa 56 × 29 cm

Lineal

Nähmaschine

Stecknadeln

Schere

Stricknadel (optional)

Nadel und Garn

Schneiderkreide

Einen bezogenen Knopf

1 Legen Sie eines der kleineren Stoffstücke rechts auf rechts auf eines der großen, sodass drei Kanten aufeinander liegen. Steppen Sie die drei Seiten mit 1,5 cm Nahtzugabe ab. Lassen Sie am Anfang und Ende der Naht wie abgebildet 1,5 cm für eine spätere Nahtzugabe offen. Schneiden Sie die beiden unteren Ecken schräg ab.

2 Markieren Sie den Mittelpunkt an der oberen Laschenkante mit einer Stecknadel. Zeichnen Sie mit Kreide und Lineal zwei Diagonalen von der Seitennaht zur Stecknadel ein und schneiden Sie den überstehenden Stoff ab. Jetzt haben Sie eine dreieckige Lasche. Wiederholen Sie Schritt 1 und 2 mit den restlichen Stoffteilen als Futter.

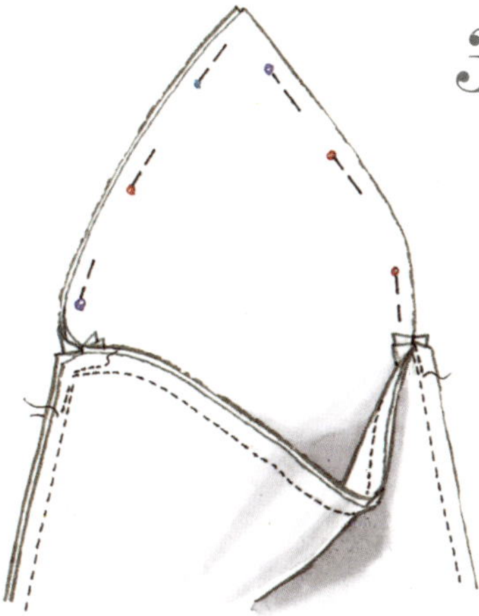

3 Wenden Sie die äußere Tasche auf rechts und stecken Sie diese so in das Futter, dass die Seitennähte aufeinander liegen. Stecken Sie die beiden Laschendreiecke zusammen. Stecken Sie die noch offene obere Kante zusammen und steppen Sie die Naht mit 1,5 cm Nahtzugabe ab.

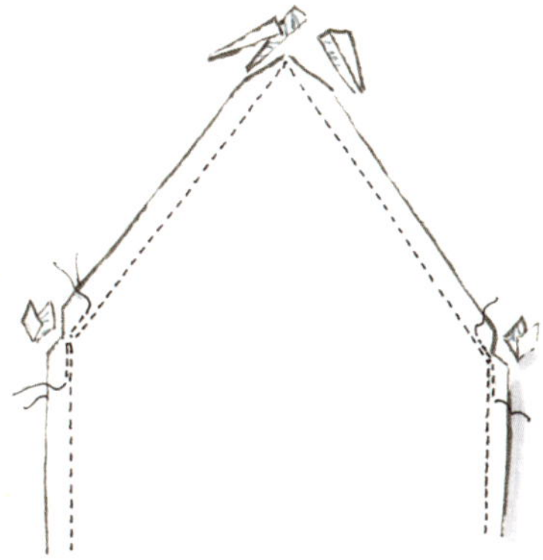

4 Nähen Sie die Laschenkanten mit 1,5 cm Nahtzugabe zusammen; beginnen und enden Sie jeweils an der Seitennaht. Schneiden Sie die Ecken der Nahtzugabe wie abgebildet ab.

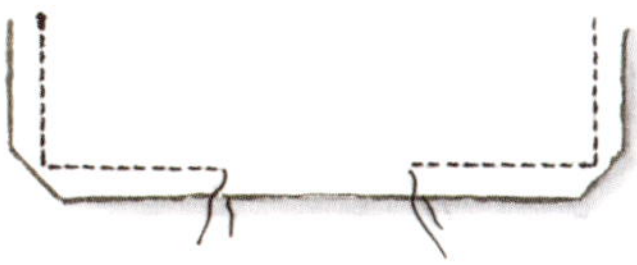

5 Trennen Sie etwa 5 cm vom unteren Futtersaum auf und wenden Sie die Tasche durch diese Öffnung. Mit einer Stricknadel oder etwas anderem Spitzen drücken Sie vorsichtig die Ecken und die Spitze der Lasche heraus.

6 Nähen Sie die aufgetrennte Naht von Hand zusammen und drücken Sie das Futter wieder in die Tasche. Bügeln Sie die Nähte glatt.

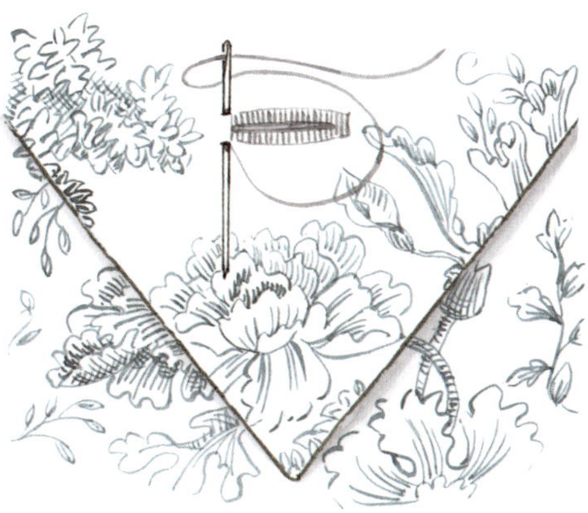

7 Markieren Sie das Knopfloch mit Schneiderkreide auf der unteren Seite der Lasche und schneiden Sie es ein. Umnähen Sie das Knopfloch mit einigen Knopflochstichen. Legen Sie die Lasche über die Tasche und markieren Sie die Position für den Knopf. Zum Schluss nähen Sie den Knopf an.

Schmucktasche mit Tunnelzug

Sie benötigen

Zwei Stücke Toile de Jouy oder anderen bedruckten Baumwollstoff, etwa 45,5 × 30,5 cm

Einen Streifen Toile de Jouy oder anderen bedruckten Baumwollstoff, etwa 71 × 4 cm

Maßband

Nähmaschine

Große Sicherheitsnadel

Schere

Nadel und Garn

1 Legen Sie die beiden großen Stoffteile rechts auf rechts aufeinander und steppen Sie drei Seiten mit einer Nahtzugabe von 1,5 cm ab. Beginnen und enden Sie 11,5 cm unter der noch offenen kurzen Seite.

2 Bügeln Sie die Nahtzugaben auseinander und die oberen Kanten 1,5 cm auf die linke Seite um.

3 Bügeln Sie die oberen Kanten weitere 5 cm auf die linke Seite um. Steppen Sie die oberen Kanten nun mit zwei Nähten ab, die erste unten an der Bügelkante, die zweite 2,5 cm darüber. Auf diese Weise haben Sie einen Tunnel zum Durchziehen der Kordel.

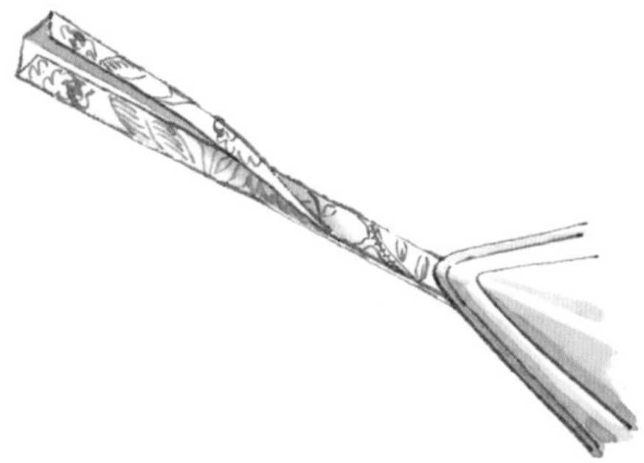

4 Falten Sie den Stoffstreifen der Länge nach links auf links und bügeln Sie die Faltkante. Dann falten Sie den Streifen wieder auf und bügeln die langen Seiten der Länge nach auf links zur Bügellinie in der Mitte. Die Streifen entlang dieser Linie wieder falten und an der offenen Längskante zusammennähen.

5 Mit einer Sicherheitsnadel ziehen Sie das Band durch den unteren Stofftunnel. Achten Sie darauf, dass es sich nicht verdreht.

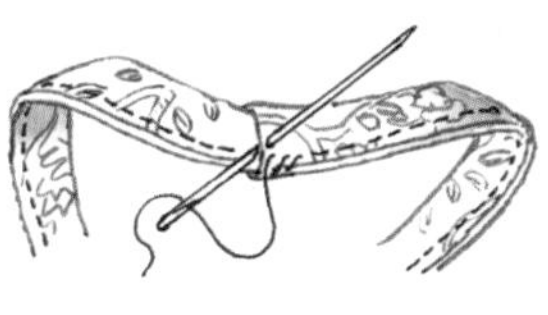

6 Trennen Sie einige Stiche an einem Ende des Bandes auf und schieben Sie die Enden ineinander. Nähen Sie die Enden zusammen.

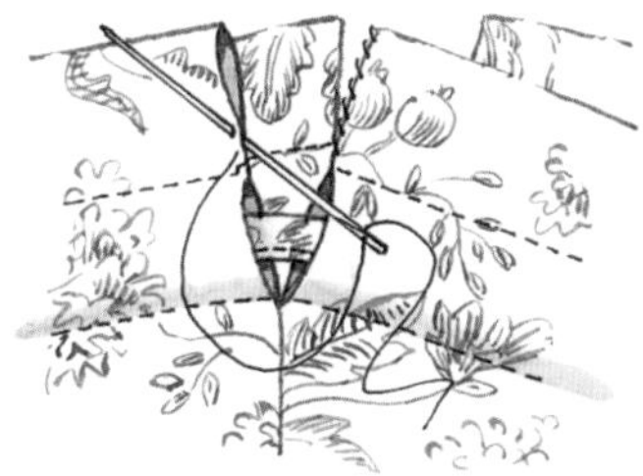

7 Zum Schluss nähen Sie die offenen Kanten der oberen Nähte über dem Tunnelzug von Hand zusammen und ziehen das Band fest, um den Beutel zu verschließen.

Kosmetiktasche mit Reißverschluss

Sie benötigen

Vorlage (Seite 137)
Bedruckten Baumwollstoff
Einen Reißverschluss (35 cm)
PVC-Futter
Maßband
Schere
Nähmaschine
Garn

1 Vergrößern Sie die Vorlage auf die angegebene Größe und schneiden Sie aus dem bedruckten Stoff und aus dem Futterstoff jeweils zwei Teile nach der Vorlage zu. Schneiden Sie aus dem Baumwollstoff zwei Reißverschlussblenden (34 × 4 cm) zu und ein 4 cm großes Quadrat für den Aufhänger an der Seite.

2 Legen Sie die beiden Reißverschlussleisten jeweils der Länge nach halbiert rechts auf rechts aufeinander. Steppen Sie die kurzen Enden mit 1 cm Nahtzugabe ab. Drehen Sie die Streifen auf die rechte Seite und bügeln Sie Nähte und Kante glatt.

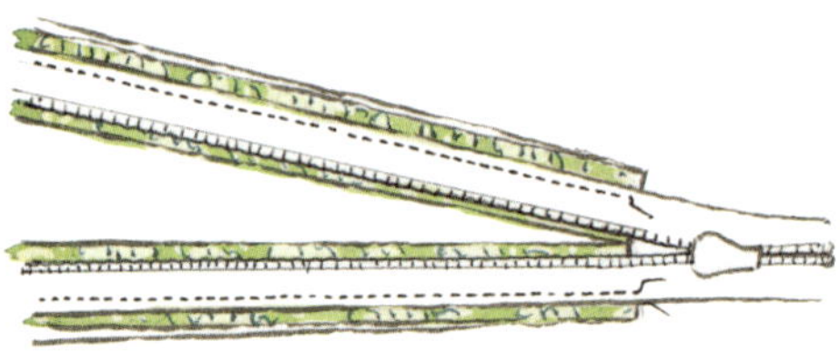

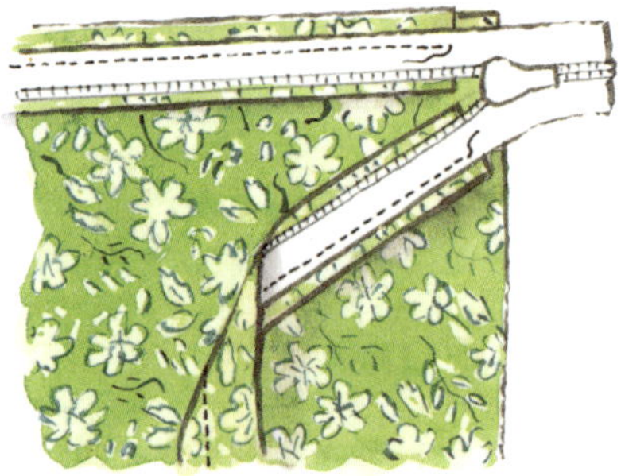

3 Öffnen Sie den Reißverschluss und legen Sie ihn mit der Oberseite mittig auf die Blenden (jeweils ein Reißverschlussteil auf eine Blende). Die Krampen des Reißverschlusses sollten dabei zur gebügelten Kante zeigen. Nähen Sie den Reißverschluss an, steppen Sie dabei eng an der Kante des Reißverschlussbandes. Wiederholen Sie dies auf der anderen Seite.

4 Nähen Sie die Reißverschlussblenden jeweils mittig rechts auf rechts mit 1 cm Nahtzugabe auf die obere Kante der bedruckten Baumwollstücke. Die oberen unbearbeiteten Kanten liegen exakt aufeinander. Bügeln Sie die Blenden nach oben.

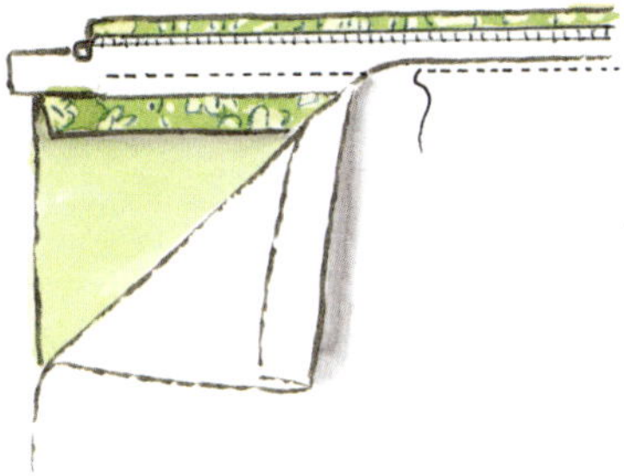

5 Falten Sie das Futter an der Oberkante 1 cm nach links um und platzieren Sie das Futterteil links auf links auf dem Taschenteil. Die Seitenkanten und die Unterseite liegen passgenau aufeinander, die obere Kante parallel zur Reißverschlussblende. Nähen Sie das Futter entlang der gefalteten Kante an die Tasche. Beginnen und enden Sie 1 cm vor der Seitenkante. Wiederholen Sie dies mit dem anderen Futterteil an der anderen Taschenseite.

6 Nähen Sie die Seitennähte mit 1 cm Nahtzugabe rechts auf rechts zusammen. Falten Sie das Etikett doppelt und setzen Sie es als Schlaufe in die Naht mit ein. Achten Sie darauf, beim Nähen das Futter nicht mit zu erfassen. Nähen Sie die Taschenteile unten mit 1 cm Nahtzugabe zusammen und bügeln Sie die Nahtzugaben auseinander.

7 Falten Sie die Tasche so, dass die Bodennaht auf einer Seitennaht liegt. Nähen Sie nun die offene Kante mit 1 cm Nahtzugabe zusammen. Legen Sie nun die Bodennaht auf die andere Seitennaht und nähen Sie die offene Kante mit 1 cm Nahtzugabe zusammen.

8 Schließen Sie den Reißverschluss teilweise. Steppen Sie jetzt die Seitennähte des Futters rechts auf rechts ab, unten beginnend und so nah wie möglich an den Reißverschluss heran. Steppen Sie die untere Naht ab und lassen Sie in der Mitte eine große Öffnung. Wiederholen Sie Schritt 7 mit dem Futter. Wenden Sie die Tasche durch die Öffnung im Futter auf rechts und schließen Sie die Öffnung.

Wäschebeutel

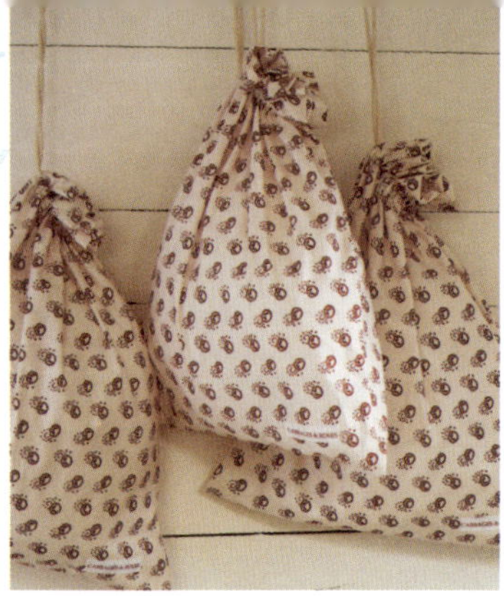

Sie benötigen

Zwei Stücke bedruckten Baumwollstoff, etwa 61 × 41 cm

Ein Streifen bedruckten Baumwollstoff, etwa 39 × 5 cm

1 m Baumwollkordel

Maßband

Nähmaschine

Garn

Stecknadeln, große Sicherheitsnadel

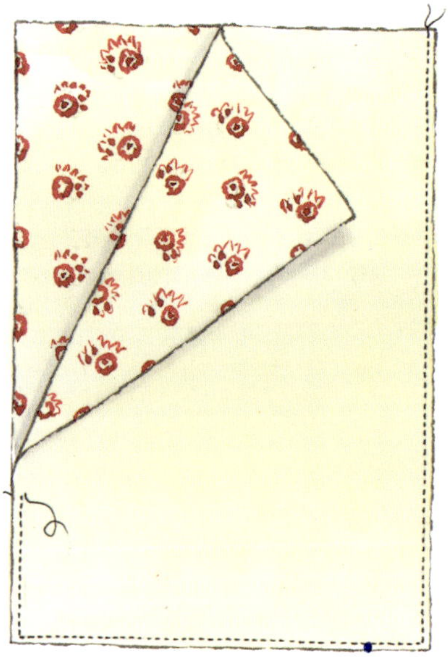

1 Nähen Sie die beiden Stoffstücke an drei Seiten rechts auf rechts mit 1 cm Nahtzugabe zusammen. Versäubern Sie die Nahtzugaben zusammen.

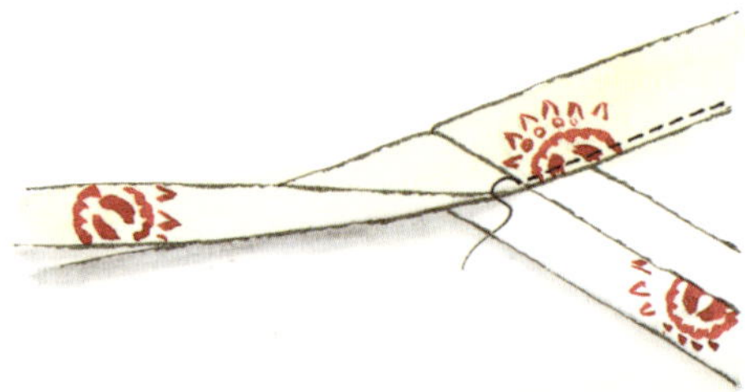

2 Bügeln Sie die obere Kante 1 cm und noch einmal 2,5 cm nach links und steppen Sie den Saum mit der Maschine ab.

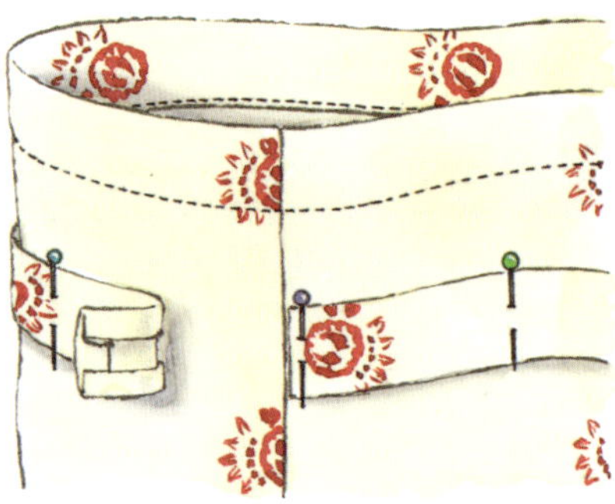

3 Bügeln Sie rundum 1 cm des Stoffstreifens nach links. Stecken Sie den Streifen 5 cm unterhalb des Beutelsaums beginnend an einer Seitennaht auf den Beutel. Steppen Sie den Streifen an den Bügelkanten auf den Beutel, die kurzen Seiten bleiben offen.

4 Mit einer Sicherheitsnadel ziehen Sie die Kordel durch den gesteppten Tunnel oben am Beutel und knoten die Enden fest zu.

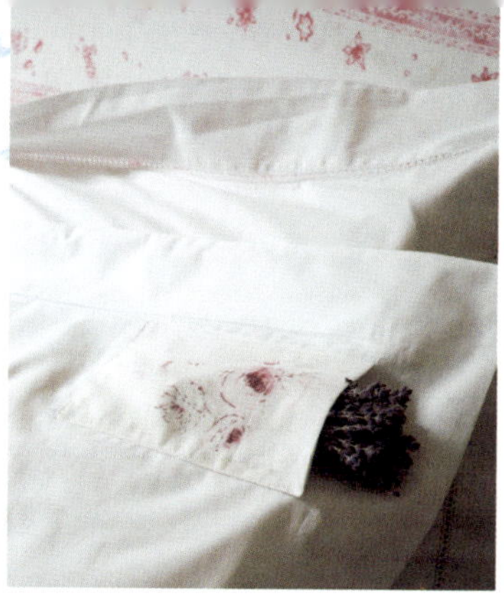

Lavendelkissen-Tasche

Sie benötigen

Bedruckten Baumwollstoff

Einen Kissenbezug

Getrockneten Lavendel

Maßband

Schere

Nähmaschine

Nadel und Garn

Stecknadeln

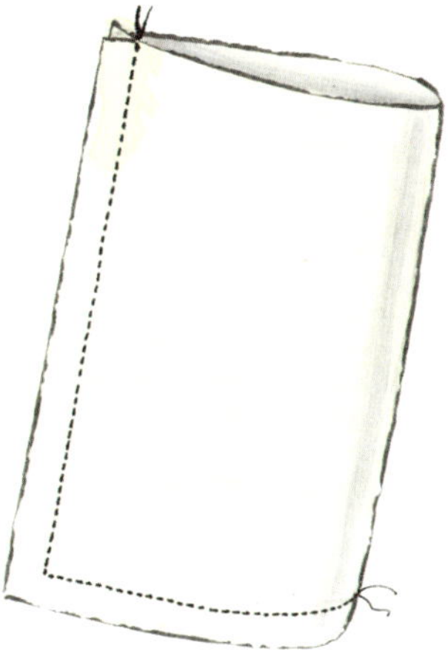

1 Schneiden Sie aus dem Stoff ein Rechteck (23 × 19 cm) zu. Legen Sie das Rechteck rechts auf rechts der Länge nach zusammen. Nähen Sie den gefalteten Stoff an zwei Seiten mit 1 cm Nahtzugabe zusammen.

2 Auf rechts wenden. Einen 2 cm breiten Saum an der offenen Kante nach innen schlagen. Den Saum bügeln und die Tasche bügeln.

3 Die oberen Kanten der Tasche von Hand vernähen.

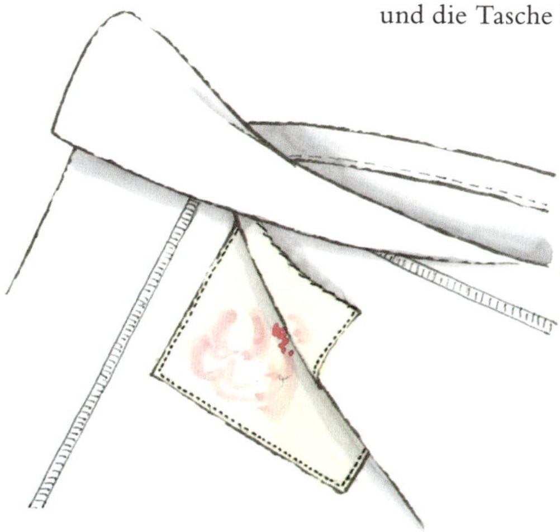

4 Legen Sie die Tasche auf die Vorderseite des Kopfkissenbezugs, möglichst nah an eine Ecke und unweit der hinteren Öffnung. Mit Stecknadeln nur an der oberen Lage des Kopfkissenbezugs feststecken. Nähen Sie die Tasche an drei Seiten an, die von Hand vernähte Seite bleibt offen. Legen Sie getrocknete Lavendelzweige für einen erholsamen Schlaf hinein.

Küchenschürze

Sie benötigen

Papier zum Skalieren der Vorlage (Seite 141)

Bedruckten Baumwollstoff

2,5 m weißes Baumwollgurtband (4 cm breit)

Ein Quadrat (35,5 cm) kontrastierenden Stoffes (oder ein dazu passendes Küchenhandtuch)

10 cm weißes Baumwollband (6 mm breit)

Einen Knopf (15 mm)

Maßband

Nähmaschine

Nadel und Garn

1 Die Vorlagen auf Seite 141 für die Vorderseite der Schürze und die Tasche vergrößern. Schneiden Sie dann aus dem Stoff ein Vorderteil und eine Tasche zu.

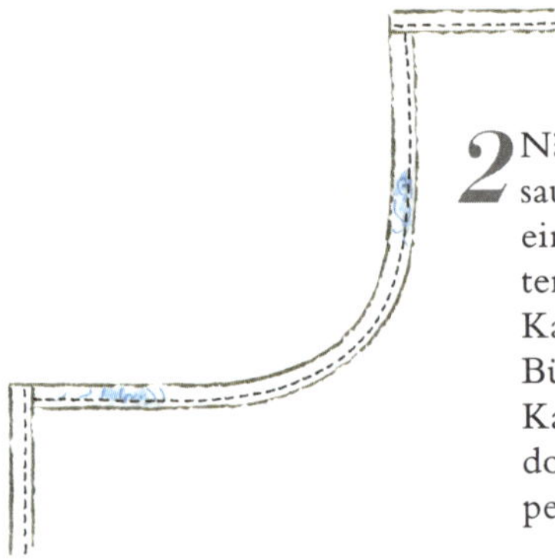

2 Nähen Sie mit dem Rollsaumfuß der Nähmaschine einen 1 cm breiten doppelten Saum an den gebogenen Kanten des Vorderteils. Bügeln Sie an den geraden Kanten einen 1 cm breiten doppelten Saum und steppen Sie die Naht ab.

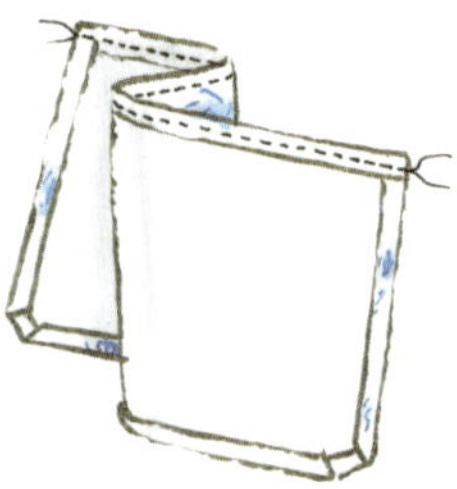

3 Bügeln Sie nun auf dem Taschenstoff rundum einen 1 cm breiten doppelten Saum nach links und steppen Sie den oberen Saum für die Taschenöffnung ab.

4 Platzieren Sie die Tasche links auf rechts mittig auf der Schürze, die untere Taschenkante etwa 39 cm von der unteren Schürzenkante entfernt. Nähen Sie die Tasche mit einer doppelten Naht (6 mm Abstand) auf der Schürze fest. Mit einer doppelten Naht in der Mitte der Tasche teilen Sie die Tasche in zwei Eingriffe.

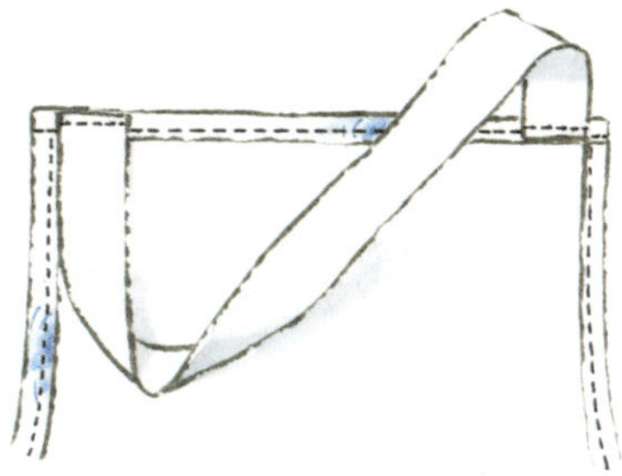

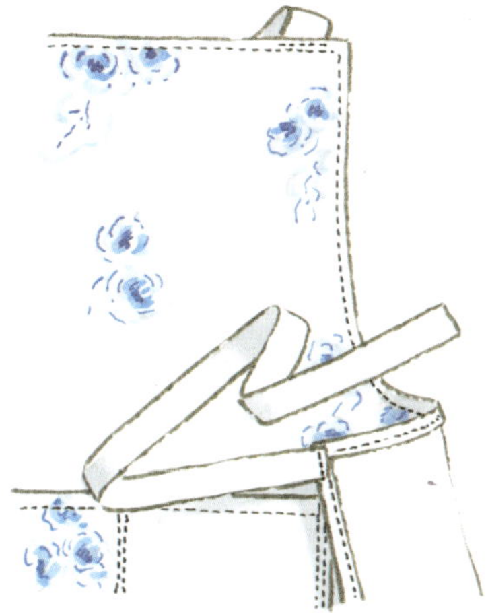

5 Schneiden Sie 57 cm vom Baumwollgurtband ab. Legen Sie die Schürze mit der linken Seite nach oben auf den Tisch. Legen Sie das eine Ende des Bandes auf die obere Kante der Schürze, 1 cm von der Ecke entfernt. Nähen Sie das Band auf den Stichen der Saumnaht fest. Klappen Sie das Band nach oben und steppen Sie noch einmal parallel zur oberen Kante darüber. Wiederholen Sie dies mit dem anderen Bandende auf der gegenüberliegenden Seite.

6 Schneiden Sie das restliche Gurtband für die Taillenbänder in zwei gleich große Stücke. Befestigen Sie jeweils ein Stück an den Seitenkanten und gehen Sie vor wie in Schritt 5.

7 Säumen Sie das Stoffquadrat mit einem 1 cm breiten doppelten Saum (bei einem Geschirrtuch ist das nicht erforderlich). Legen Sie das Baumwollband zur Hälfte zusammen und nähen Sie es als Schlaufe an einer Ecke des Quadrats fest. Nähen Sie den Knopf an die Ecke der Tasche, um daran das Geschirrtuch aufhängen zu können.

8 Für eine halbe Schürze schneiden Sie den Stoff mithilfe der Vorlage an der markierten Linie ab. Zur Fertigstellung folgen Sie den Schritten hier (ohne die gebogenen Kanten in Schritt 2 und ohne den Aufhänger in Schritt 5).

Stoffbrosche

Sie benötigen

Stoffreste

Ein bedrucktes oder besticktes Namensschild

Rocailleperlen

Eine Auswahl an Pailletten, Blumen und Besätzen

Eine große Sicherheitsnadel

Maßband

Schere

Nadel und Garn

Sticknadel

Kleber

1 Schneiden Sie ein Stück Baumwollstoff oder Leinen (5 × 10 cm) aus, applizieren Sie Reste von bedruckten Stoffen und fügen Sie ein Namensschild hinzu. Mit gedruckten Wörtern sieht die Brosche witziger aus, suchen Sie also nach genähten Labels an Kleidungsstücken oder schneiden Sie die Wörter aus der Webkante bedruckter Stoffe.

2 Mit Sticknadel und Faden ziehen Sie Perlen auf und nähen diese Perlenreihen wie Fransen an die untere Kante der Brosche.

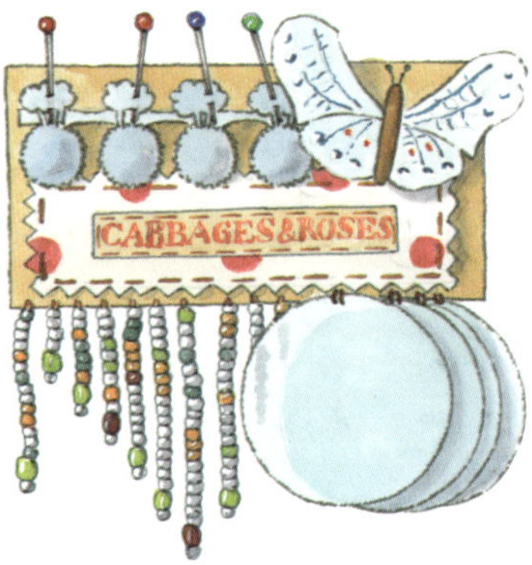

3 Nähen oder kleben Sie Pailletten, Schmetterlinge oder Seidenblumen an oder fertigen Sie selbst welche aus Filz. Fügen Sie Pompons, Spitzenreste oder Knöpfe hinzu, bis Sie mit der Wirkung zufrieden sind.

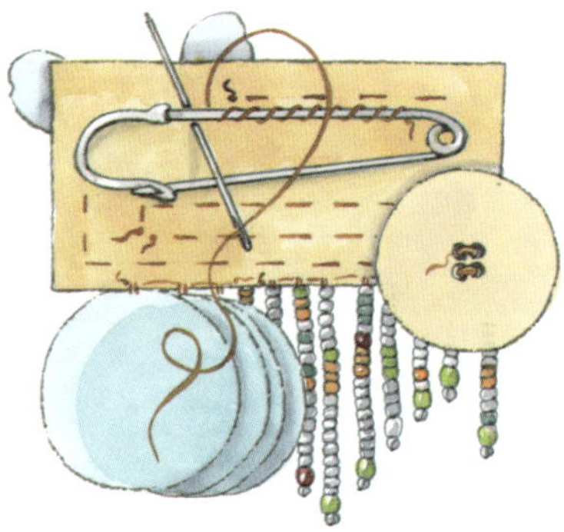

4 Zum Schluss nähen Sie die Sicherheitsnadel an der Rückseite der Brosche fest – sie sollte auf gar keinen Fall auf der Schauseite zu sehen sein. Nun heften Sie die Brosche an eine Jacke oder einen Pulli.

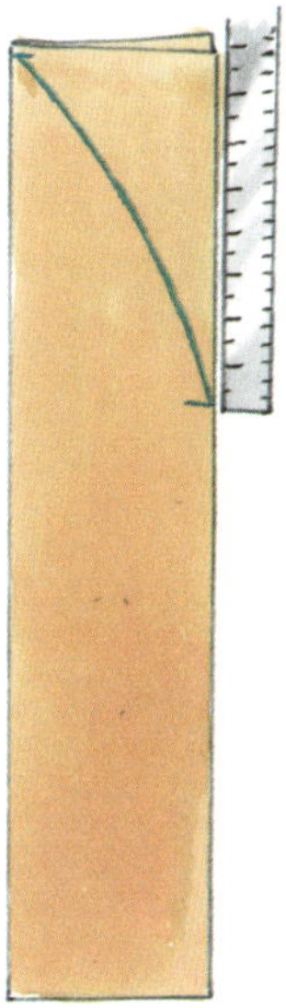

Haarband

Sie benötigen

Papier für die Vorlage

Bedruckter Baumwollstoff

Maßband

Stift und Lineal

Schere

Stecknadeln

Nähmaschine

Nadel und Garn

1 Schneiden Sie einen rechteckigen Streifen (48 × 20 cm) aus Papier aus. Falten Sie ihn der Länge nach zusammen. Messen Sie an der offenen Seite 20 cm ab und zeichnen Sie mit dem Stift wie in der Abbildung eine gebogene Linie. Schneiden Sie entlang der Linie durch beide Papierschichten und breiten die Vorlage dann aus.

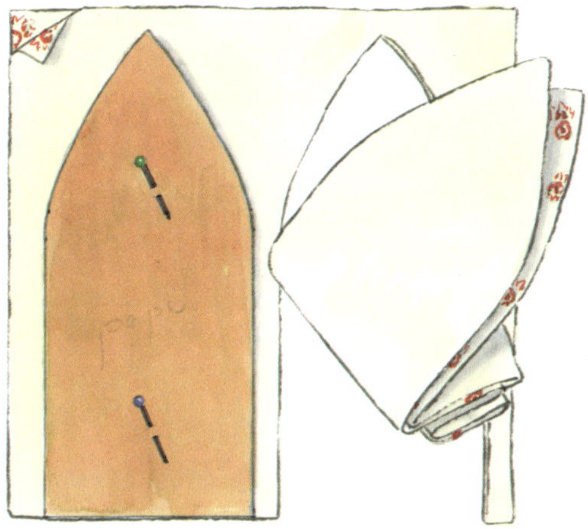

2 Legen Sie die kurze gerade Kante der Vorlage an die Bruchkante des Stoffes und schneiden Sie aus dem Baumwollstoff zwei Stücke zu.

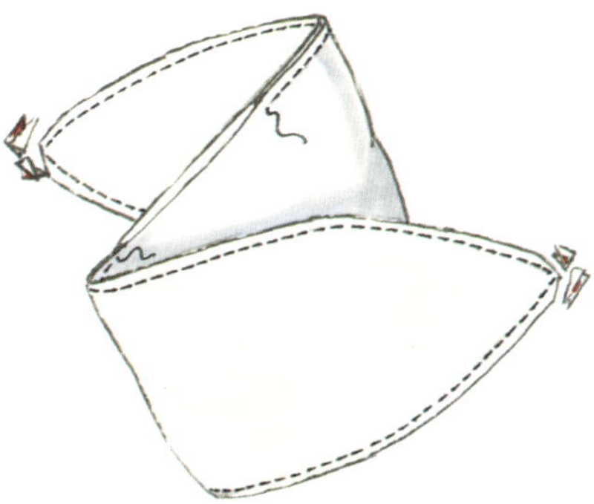

3 Stecken Sie die Streifen rechts auf rechts zusammen und nähen Sie sie mit 1 cm Nahtzugabe rundum aneinander. Auf einer langen Seite lassen Sie 10 cm offen. Schneiden Sie die Nahtzugabe an den Spitzen ab.

4 Wenden Sie das Haarband. Bügeln Sie die Nähte glatt, dabei die offene Stelle 1 cm nach innen schlagen. Nähen sie die offene Stelle von Hand zu, dann steppen Sie mit der Maschine alle Seiten des Bandes schmal ab.

Kinderrock

Sie benötigen

Bedruckten Baumwollstoff

Kontrastierenden Baumwollstoff für die Taschen

56 cm Gummiband (2,5 cm breit)

Maßband

Schere

Nähmaschine

Eine große Sicherheitsnadel

Stecknadeln

1 Nehmen Sie für die gewünschte Rocklänge Maß am Kind (die Maße hier sind für Kinder von 2–6 Jahren). Schneiden Sie aus dem Stoff ein 122 cm breites Rechteck in der gewünschten Länge plus 10 cm für die Säume zu. Aus dem zweiten Stoff schneiden Sie zwei 25,5 × 19 cm große Taschen zu. Legen Sie das Rechteck rechts auf rechts zur Hälfte zusammen und schließen Sie die Seitennaht mit 1 cm Nahtzugabe. Versäubern Sie die Nahtzugaben und bügeln Sie sie auseinander.

2 Versäubern Sie die offenen Kanten und bügeln Sie beide Kanten 2,5 cm auf die linke Seite. Steppen Sie den Saum nahe an der versäuberten Kante ab. Bügeln Sie den oberen Saum noch einmal 4 cm um und steppen Sie die Naht 3 cm von der Bügelkante entfernt ab. Lassen Sie eine kleine Lücke an der Seitennaht. Mit einer Sicherheitsnadel ziehen Sie jetzt das Gummiband durch den Tunnel. Passen Sie die Weite an die Taille des Kindes an, nähen Sie die Enden des Gummibandes zusammen und schneiden Sie den Überstand ab. Nähen Sie die kleine Öffnung in der Seitennaht zu.

3 Versäubern Sie alle Kanten der beiden Taschen. Falten Sie die Taschenoberkante 4 cm auf rechts und fixieren Sie den Umschlag mit Stecknadeln. Nähen Sie die Seiten des Saums mit 1 cm Nahtzugabe zu, wenden Sie den Saum auf rechts und bügeln Sie ihn glatt. Bügeln Sie die restlichen Kanten der Tasche 1 cm auf links und steppen Sie den oberen Saum dicht an der versäuberten Kante ab.

4 Wiederholen Sie das Ganze mit der zweiten Tasche. Lassen Sie das Kind den Rock anprobieren und fixieren Sie die Taschen auf der richtigen Höhe am Rock. Nähen Sie die Taschen unten und an den Seiten fest.

Einkaufstasche

Sie benötigen

Zwei Stücke bedruckten Baumwollstoff, Segeltuch oder Leinen, etwa 43 × 38 cm

Zwei Streifen bedruckten Baumwollstoff, Segeltuch oder Leinen, etwa 68,5 × 8 cm

Maßband

Nähmaschine

Stecknadeln

Nadel und Garn

1 Nähen Sie die beiden rechteckigen Stücke rechts auf rechts mit 1,5 cm Nahtzugabe zusammen. Versäubern Sie die Nahtzugaben zusammen und wenden Sie die Tasche auf rechts.

2 Bügeln Sie einen 2,5 cm breiten doppelten Saum an der offenen Kante und stecken Sie ihn mit Stecknadeln fest.

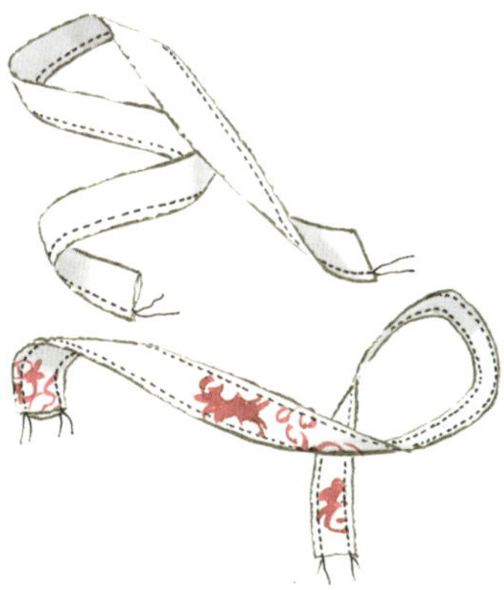

3 Für die Träger legen Sie die beiden Streifen der Länge rechts auf rechts nach zusammen. Schließen Sie die lange Kante mit 1 cm Nahtzugabe und drehen Sie die Streifen auf rechts. Bügeln Sie die Streifen glatt und steppen Sie beide Kanten schmal ab.

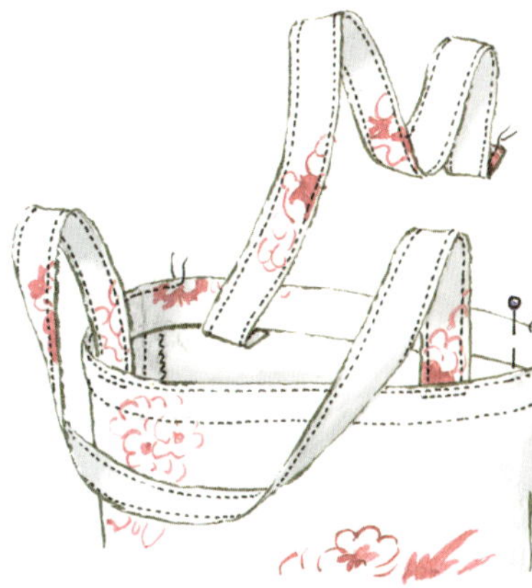

4 Mit Stecknadeln markieren Sie die Trägerpositionen 7,5 cm von der Seitennaht entfernt auf dem Saum. Bügeln Sie die Enden der Träger 1,5 cm breit auf eine Seite, stecken Sie diese Enden unter die lose Saumkante und stecken Sie sie fest. Steppen Sie nun den Saum oben und unten ab. Verstärken Sie die Nähte an den Trägern, indem Sie zweimal darüber steppen.

Umhängetasche

Sie benötigen

Taschenvorlage von Seite 139

Segeltuch

Bedruckten Baumwollstoff für das Futter

Schere

Nähmaschine

Nadel und Garn

Stecknadeln

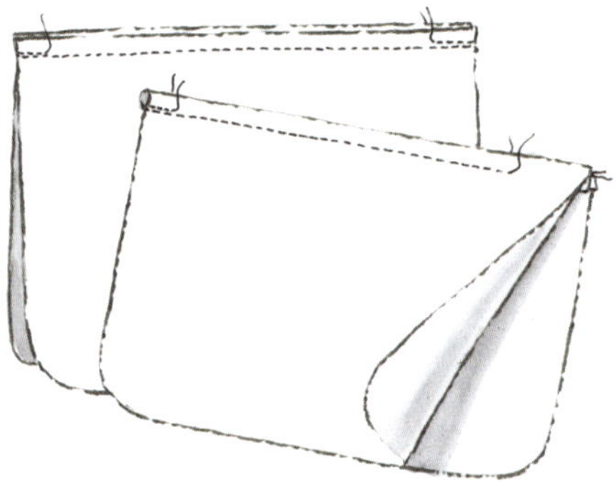

1 Vergrößern Sie die Vorlage auf die volle Größe. Schneiden Sie aus beiden Stoffen jeweils zwei Taschen-Seitenteile, zwei Taschen und zwei Streifen zu.

2 Legen Sie die beiden Segeltuchtaschen rechts auf rechts zusammen und nähen Sie die oberen geraden Kanten mit 1 cm Nahtzugabe aneinander. Bügeln Sie die Nahtzugaben auseinander. Legen Sie die Tasche links auf links zusammen, die Naht genau in der Kante, bügeln Sie die Naht noch einmal und steppen Sie sie 6 mm breit ab.

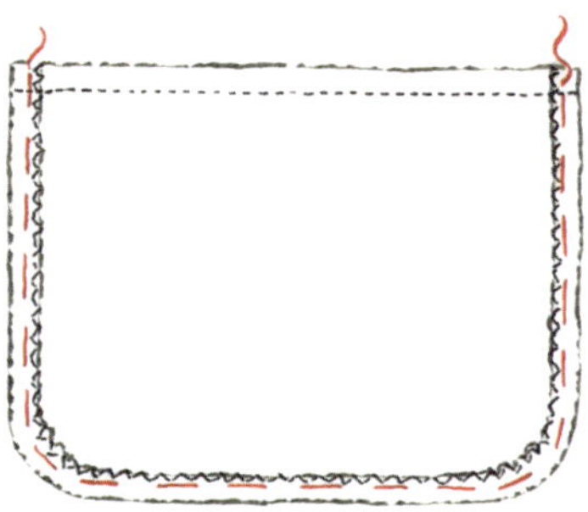

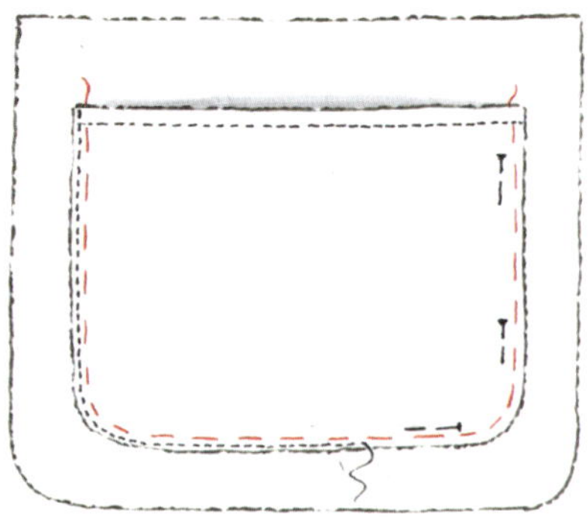

3 Versäubern Sie die restlichen unbearbeiteten Kanten von beiden Teilen zusammen und bügeln Sie 1 cm auf die spätere Innenseite. Heften Sie den Umschlag fest.

4 Legen Sie die Tasche mittig auf ein Taschen-Seitenteil und stecken Sie sie mit der Nahtzugabe nach innen fest. Steppen Sie die Kanten ab. Wiederholen Sie die Schritte 2, 3 und 4 mit den Taschen aus Futterstoff und einem Futterstoff-Seitenteil.

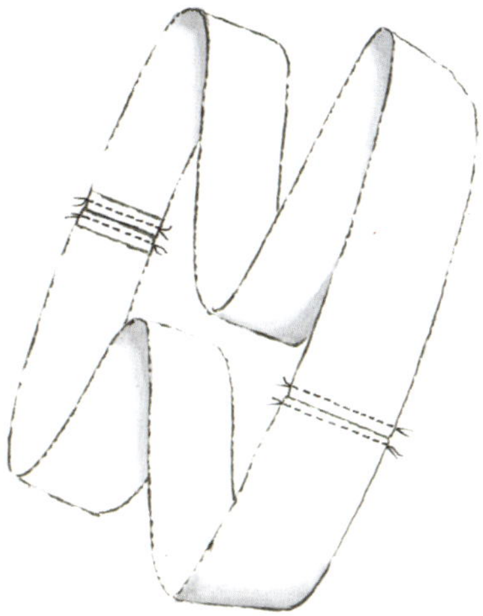

5 Nähen Sie die Segeltuchstreifen rechts auf rechts an den kurzen Enden mit 1 cm Nahtzugabe zusammen. Bügeln Sie die Nahtzugaben auseinander und steppen Sie jeweils 6 mm von der ersten Nahtkante ab. Wiederholen Sie dies mit dem Streifen aus Futterstoff. Beide Stoffkreise müssen exakt dieselbe Größe haben.

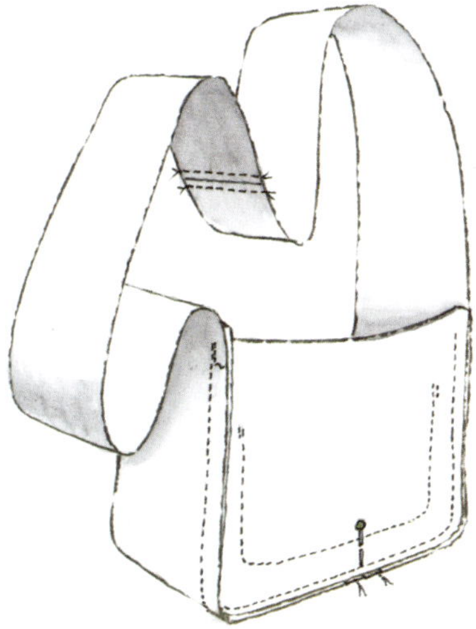

6 Legen Sie jede Seite der Umhängetasche zur Hälfte zusammen und markieren Sie den Mittelpunkt an der unteren Kante mit einer Stecknadel. Stecken Sie den Trägerstreifen rechts auf rechts am Seitenteil fest, eine Naht des Trägers an der Stecknadelposition. Nähen Sie die Teile mit 1 cm Nahtzugabe aneinander. Lassen Sie Anfang und Ende der Naht 1 cm offen. Wiederholen Sie das Ganze mit dem anderen Seitenteil und der anderen Gurtseite.

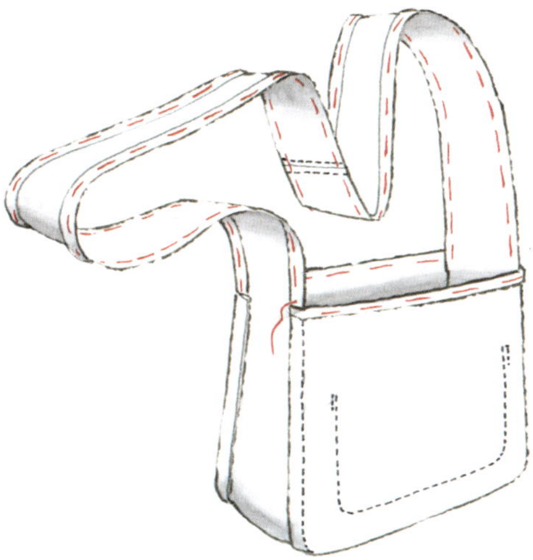

7 Bügeln Sie die unversäuberten Kanten der Tasche und jede Seitenkante des Gurtes 1 cm auf die linke Seite und heften Sie beides fest. Wiederholen Sie die Schritte 6 und 7 mit dem Innenfutter.

8 Wenden Sie die Tasche und stecken Sie das Innenfutter links auf links hinein. Achten Sie darauf, dass die Innentasche nicht auf der gleichen Seite der Tasche liegt wie die Außentasche und dass die Nähte und Kanten passen. Stecken Sie Futter und Tasche an beiden Trägerkanten und an den oberen Taschenkanten zusammen und steppen Sie beides mit der Maschine schmal ab.

Beuteltasche

Sie benötigen

Vorlagen von Seite 140

Bedruckten Leinenstoff

Gestreiften Stoff fürs Innenfutter

Schere

Nähmaschine

Stecknadeln

Nadel und Garn

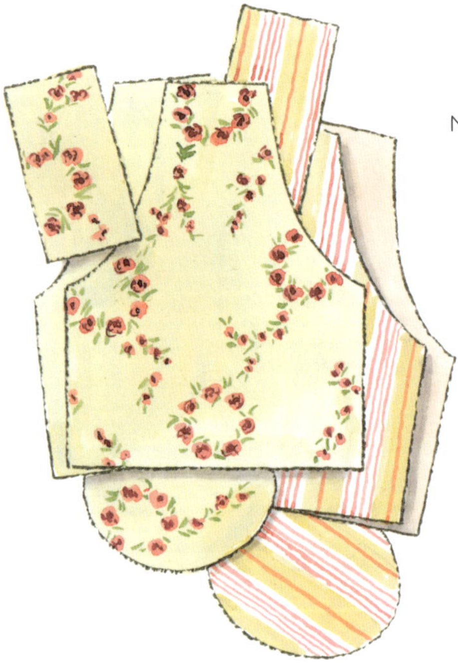

1 Vergrößern Sie die Vorlage auf die volle Größe. Aus beiden Stoffen schneiden Sie jeweils zwei Taschen-Seitenteile, einen Boden und einen Träger aus.

2 Nähen Sie die kurzen Enden des Trägers rechts auf rechts mit 1,5 cm Nahtzugabe an die oberen Kanten der Taschenseiten. Wiederholen Sie dies mit den Innenfutterteilen.

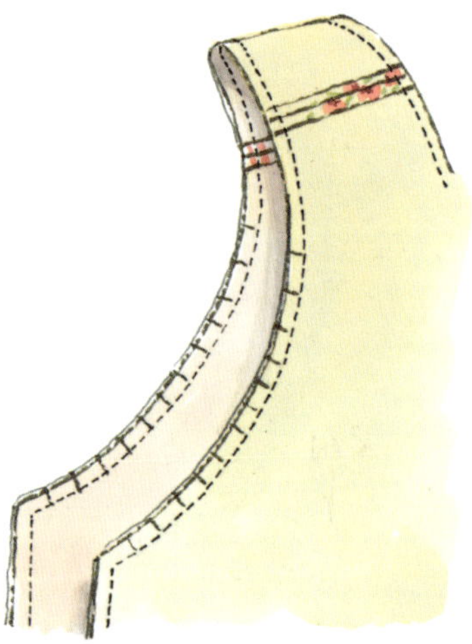

3 Rechts auf rechts nähen Sie jetzt die verbundenen bedruckten Taschenteile auf die verbundenen Innenfutterteile (1,5 cm Nahtzugabe) entlang der gebogenen Kanten und noch ein kleines Stück in die Seitenkanten hinein. Machen Sie Einschnitte in die runden Nahtzugaben und wenden Sie das Ganze auf die rechte Seite. Bügeln Sie die Nähte glatt.

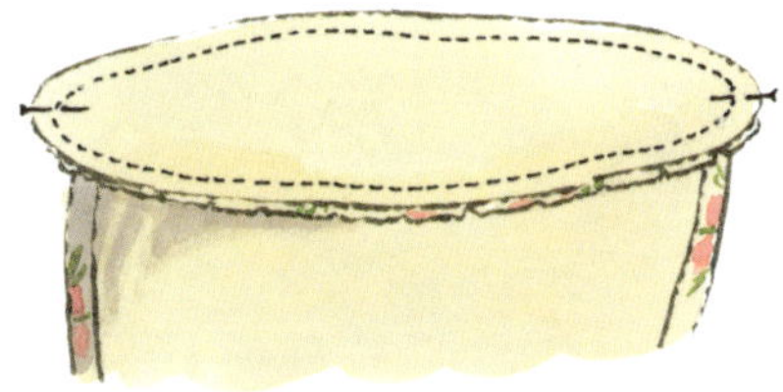

4 Klappen Sie den gestreiften Futterstoff wie abgebildet bis zur gekurvten Naht nach oben und stecken Sie die vier Kanten jeweils rechts auf rechts zusammen. Steppen Sie nun die Seitennähte mit einer Nahtzugabe von 1,5 cm über die gekurvte Naht hinweg ab.

5 Falten Sie den Boden der Außentasche zur Hälfte zusammen und markieren Sie die mittleren Positionen mit Stecknadeln. Falten Sie ihn wieder auf und nähen Sie ihn so rechts auf rechts mit 1,5 cm Nahtzugabe an die untere Taschenkante, dass die Stecknadeln auf die Seitennähte treffen.

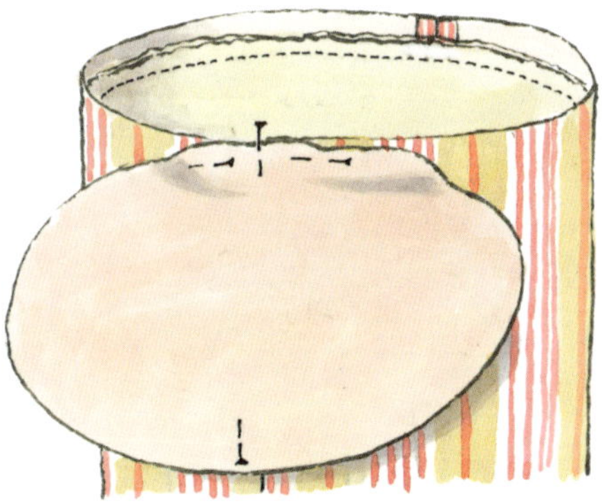

6 Wenden Sie die Tasche auf rechts. Falten Sie den Boden des Futters zur Hälfte zusammen und markieren Sie die mittleren Positionen mit Stecknadeln. Falten Sie ihn wieder auf und stecken Sie ihn so weit wie möglich rechts auf rechts an der offenen Kante des Innenfutters fest (Stecknadeln auf die Seitennähte). Nähen Sie den Boden mit 1,5 cm Nahtzugabe fest.

7 Drehen Sie das Futter auf rechts und bügeln Sie die Kanten der verbliebenen Öffnung 1,5 cm nach innen. Schließen Sie die Naht von Hand und schieben Sie das Futter in die Tasche.

Gartenwerkzeug-Schürze

Sie benötigen

Zwei Stücke gestreiftes Segeltuch (66 × 27 cm) für die Schürze

Zwei Streifen Segeltuch (114 × 7,5 cm) zum Zusammenbinden

Ein Stoffstreifen (66 × 7,5 cm) für den Werkzeuggurt

Zwei Ösen (15 mm)

Maßband

Schere

Nähmaschine

Garn

Stecknadeln

1 Schneiden Sie den Stoff nach den oben genannten Maßen zu. Nähen Sie die beiden Schürzenteile rechts auf rechts auf drei Seiten mit 1,5 cm Nahtzugabe zusammen, lassen Sie eine lange Seite offen. Schneiden Sie an den Ecken die Nahtzugabe schräg ab, wenden Sie die Schürze und bügeln Sie sie glatt.

2 Nähen Sie die Bindebänder an einem kurzen Ende zusammen. Bügeln Sie die Nahtzugaben auseinander und die langen Kanten auf beiden Seiten 1,5 cm nach links. Dann bügeln Sie den Streifen der Länge nach in der Mitte links auf links.

3 Stecken Sie das Bindeband auf den offenen Kanten der Schürze mit Stecknadeln fest, die Naht des Bandes liegt mittig auf der Schürze. Steppen Sie das Band an der Kante ab.

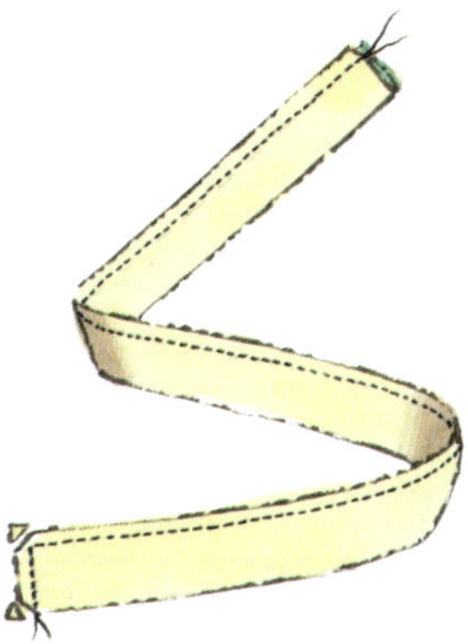

4 Falten Sie den Stoffstreifen für das Werkzeug rechts auf rechts der Länge nach. Steppen Sie über ein kurzes Ende und an einer Längsseite entlang. An den Ecken schneiden Sie die Nahtzugabe schräg ab. Auf rechts wenden und glatt bügeln.

5 Stecken Sie das Band 9 cm unterhalb der Oberkante vorn auf der Schürze fest, das saubere Ende an einer Seitenkante, das offene Ende umgefaltet an der anderen Seitenkante. Nähen Sie den Gurt an den Enden fest.

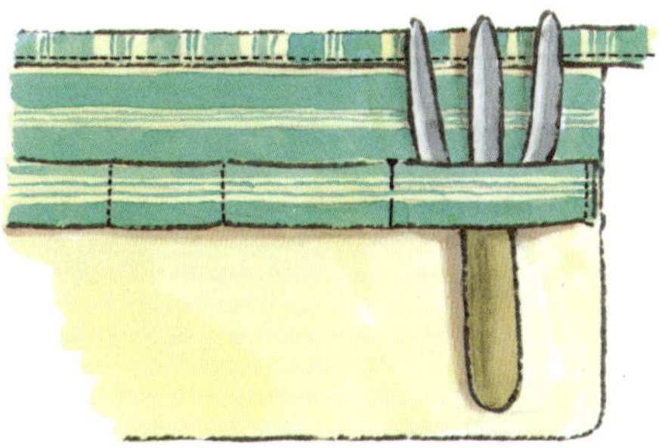

6 Schieben Sie nun Ihr Gartenwerkzeug darunter und markieren Sie die Stellen, an denen Sie eine Naht nähen müssen. Entfernen Sie die Werkzeuge und steppen Sie nun an den markierten Stellen über das Band.

7 Zum Schluss schlagen Sie Ösen in die oberen Ecken der Schürze. An den Ösen können Sie Ihre Gartenschürze aufhängen, wenn Sie diese nicht benötigen.

Gefütterte Korbtasche

Sie benötigen

Korbtasche

Papier für die Vorlage

Baumwollstoff

Maßband

Stift

Schere

Nähmaschine

Stecknadeln

Nadel und Garn

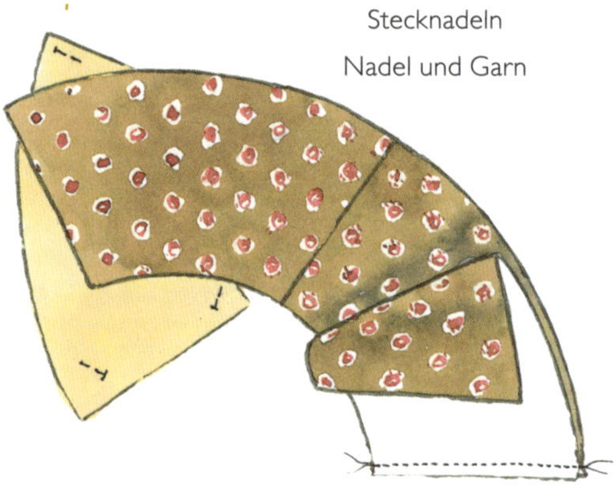

1 Messen Sie Tiefe und Umfang Ihrer Tasche oder Ihres Korbes aus und fertigen Sie eine Papiervorlage an mit Nahtzugaben von 1,5 cm an allen Seiten. Fertigen Sie für den Boden ebenso eine Vorlage aus Papier an. Legen Sie Ihre Vorlagen dann auf den Stoff und schneiden Sie die entsprechenden Teile zu. Es kann sein, dass Sie mehrere Teile zusammenfügen müssen, um ein großes Teil zu erhalten, das dem Umfang entspricht; ist dies der Fall, geben Sie für jedes Teil die Nahtzugabe zu.

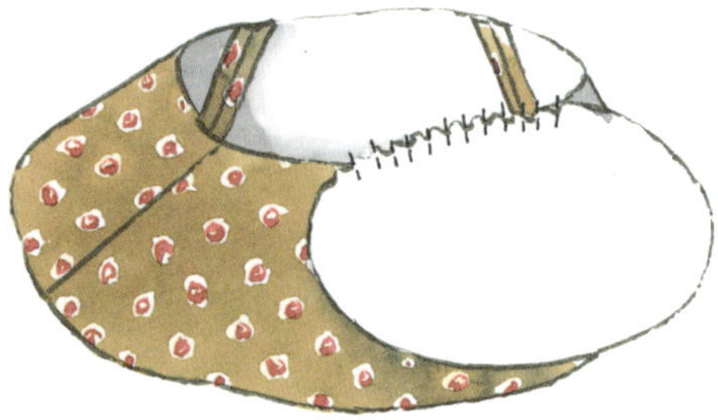

2 Nähen Sie die Seitenteile mit 1,5 cm Nahtzugabe zu einem Kreis zusammen. Bügeln Sie die Nähte auseinander. Stecken Sie den Boden rechts auf rechts an das Seitenteil. Damit die Teile besser zusammenpassen, können Sie die Nahtzugabe am Seitenteil vorsichtig einschneiden. Nähen Sie die Teile mit 1,5 cm Nahtzugabe zusammen.

3 Wenden Sie das Ganze auf rechts und bügeln Sie oben einen 2,5 cm breiten Saum auf die linke Seite.

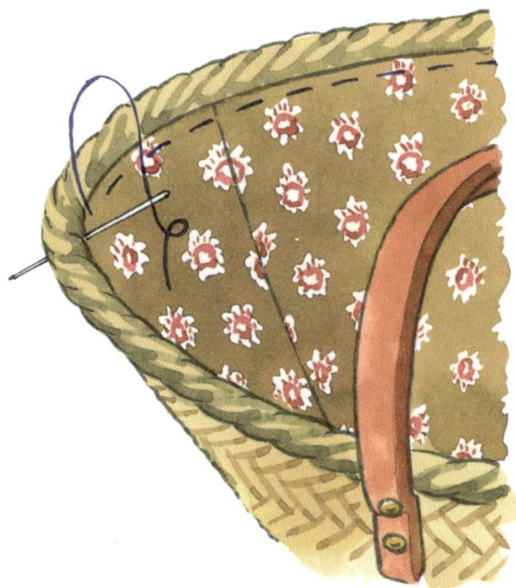

4 Legen Sie das fertige Futter in die Tasche und nähen Sie dieses mit einem Vorstich von Hand an.

Gefütterter Saatgutkorb

Sie benötigen

Drahtkorb oder Tablett

Papier für die Vorlage

Baumwolle, Segeltuch oder Leinen

Maßband

Stift

Schere

Nähmaschine

Garn

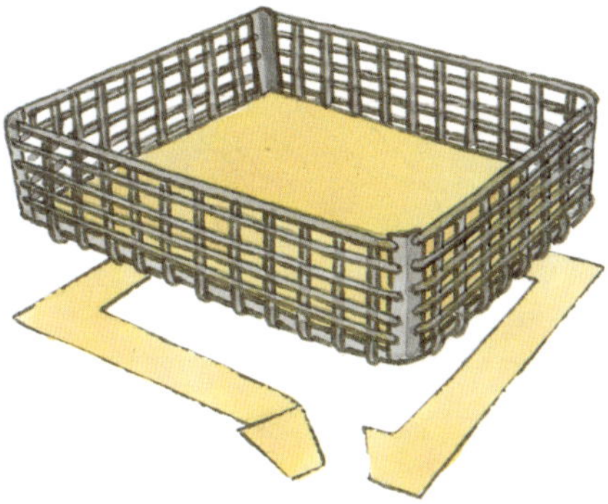

1 Stellen Sie Korb oder Tablett auf das Papier und malen Sie die Form nach. Falten Sie diese Vorlage zur Hälfte und schneiden Sie aus dem doppelten Papier eine symmetrische Schablone aus. Falten Sie die Schablone auseinander und legen Sie diese in Korb oder Tablett, um zu prüfen, ob die Maße stimmen. Ggf. zurechtschneiden. Schneiden Sie nach der Vorlage zwei Stücke Stoff zuzüglich 1,5 cm Nahtzugabe zu.

2 Messen Sie die Tiefe des Korbes oder Tabletts aus und fügen Sie 5 cm für den überlappenden Stoffteil hinzu. Addieren Sie alle Kantenlängen Ihrer Bodenschablone und schneiden Sie nun zwei Stoffstreifen nach diesen Maßen zuzüglich 1,5 cm Nahtzugabe auf allen Seiten zu.

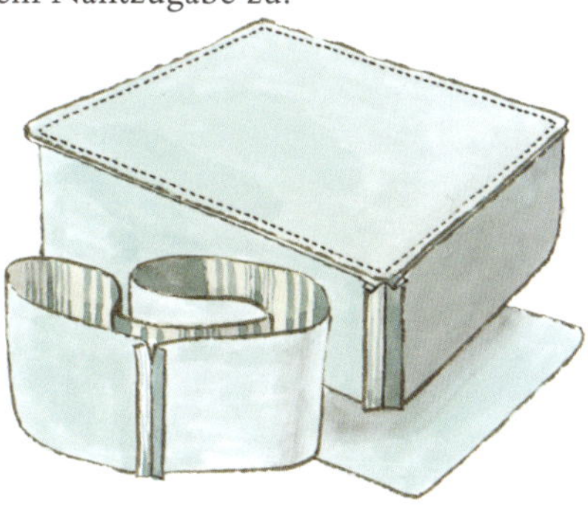

3 Legen Sie einen Seitenstreifen rechts auf rechts zur Hälfte zusammen und nähen Sie die beiden kurzen Enden mit 1,5 cm Nahtzugabe aneinander. Bügeln Sie die Nähte auseinander und wiederholen Sie das Ganze mit dem anderen Streifen. Nähen Sie jeden Seitenstreifen mit einer Nahtzugabe von 1,5 cm rechts auf rechts an ein Bodenstück, sodass die Seitennaht an einer Ecke zu liegen kommt.

4 Bügeln Sie die oberen Kanten der Seitenstreifen jeweils 1,5 cm auf die linke Seite. Wenden Sie ein Stück Stoff als Futter nach rechts und stecken Sie das andere Stoffteil links auf links hinein. Steppen Sie die oberen gebügelten Kanten schmal ab. Legen Sie das Futter in Korb oder Tablett und stülpen Sie es über den Rand.

Besteckrolle

Sie benötigen

Ein Geschirrhandtuch, am besten aus Gingham, das hat keine linke Seite

1,2 m Baumwollband (2 cm breit)

Maßband

Nähmaschine

Garn

Stecknadeln

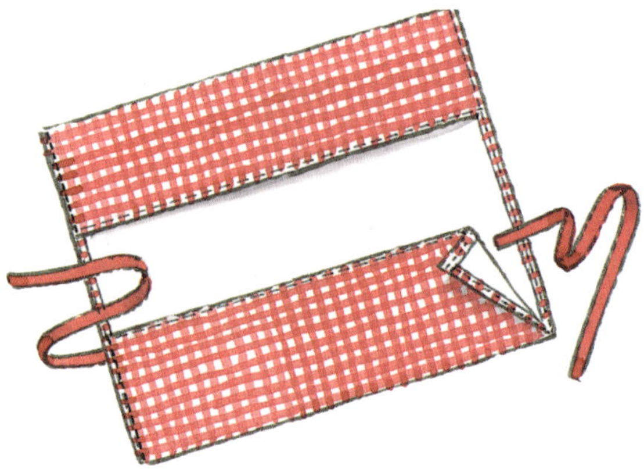

1 Falten Sie 12,5 cm an einer kurzen Seite des Handtuchs auf die linke Seite. Nähen Sie mit der Maschine jeweils an den kurzen Seiten und an der unteren Kante entlang.

2 Falten Sie das gegenüberliegende Ende 15 cm auf die linke Seite und stecken Sie es fest. Halbieren Sie das Baumwollband und stecken Sie jeweils ein Ende in die Seiten des offenen Saumes nahe an der oberen Kante. Steppen Sie die Seiten des Saumes mit der Maschine ab und nähen Sie dabei gleichzeitig die Bänder fest.

3 Mit Stecknadeln markieren Sie die Positionen der Besteckfächer am oberen Ende des losen Saumes – sie sollten etwa 4 cm auseinander liegen. Steppen Sie vertikale Linien an den Markierungen, um Taschen zu bilden. Stecken Sie das Besteck hinein. Falten Sie den oberen Saum darüber, rollen Sie das Besteck auf und binden Sie die Bänder zu.

Hasenpuppe

Sie benötigen

Vorlagen von den Seiten 142–143
Kattun für Hasen und Schürze
Synthetische Füllwatte
Gestreiften Stoff für das Kleid
Schere
Maßband
Nähmaschine
Stecknadeln
Nadel und Garn
Einen feinen Filzstift

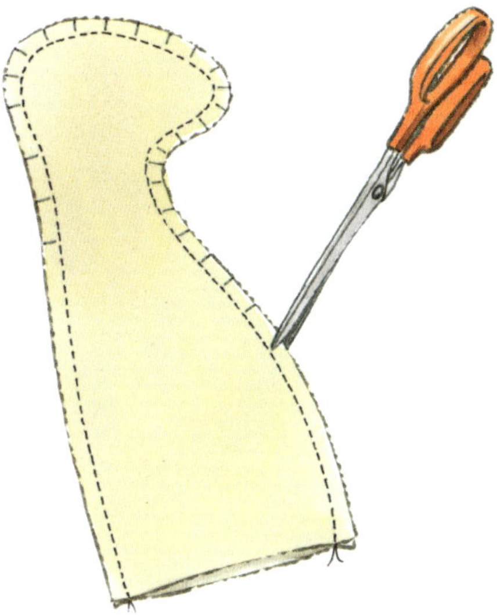

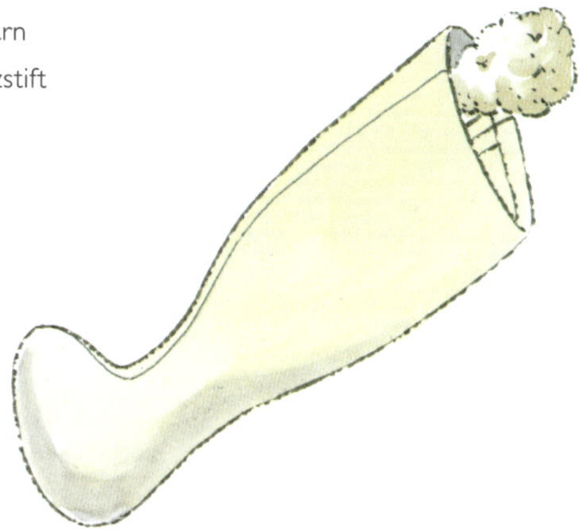

1 Mithilfe der Vorlagen schneiden Sie aus dem Kattun zwei Rumpfteile, vier Arme, vier Beine und vier Ohren aus. Nähen Sie die beiden Rumpfteile an den gekrümmten Kanten rechts auf rechts mit 6 mm Nahtzugabe aneinander, die gerade Seite lassen Sie noch offen. Schneiden Sie die gekrümmten Nahtzugaben ein und wenden Sie den Rumpf auf rechts.

2 Bügeln Sie die unteren Kanten des Rumpfes 6 mm breit nach innen. Stopfen Sie den Rumpf mit Füllwatte, beginnend am Kopf. Wenn der Rumpf gut gestopft ist und eine gute Form hat, stecken Sie die untere Kante zusammen.

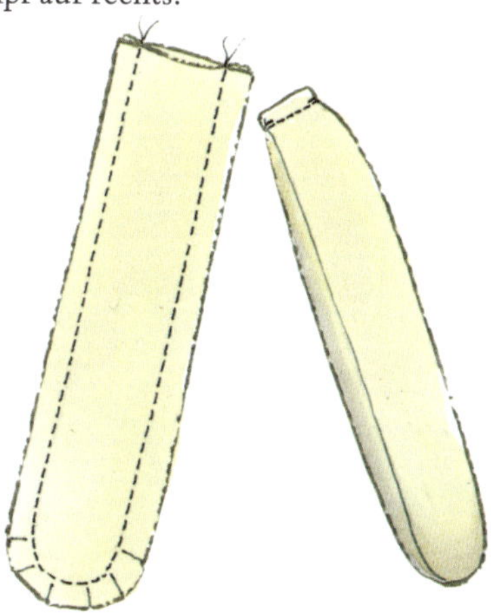

3 Nähen Sie jeweils zwei Armteile rechts auf rechts mit 6 mm Nahtzugabe aneinander, die geraden Seiten lassen Sie noch offen. Schneiden Sie die gekrümmten Nahtzugaben ein und wenden Sie die Arme auf rechts. Füllen Sie jeden Arm mit Füllwatte. Schlagen Sie die oberen geraden Kanten 6 mm breit nach innen und nähen Sie die Kanten zusammen.

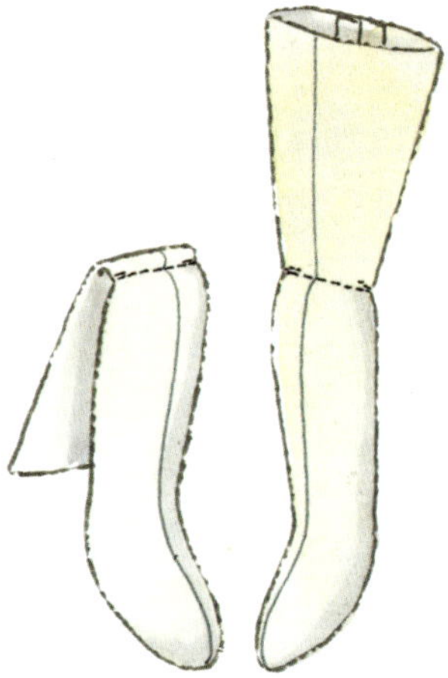

4 Nähen Sie jeweils zwei Beinteile rechts auf rechts mit 6 mm Nahtzugabe aneinander, die geraden Seiten lassen Sie noch offen. Schneiden Sie die gekrümmten Nahtzugaben ein und wenden Sie die Beine auf rechts. Füllen Sie jedes Bein bis zum Knie mit Füllwatte, dann drücken Sie die Beine so flach, dass die Nähte aufeinander zu liegen kommen. Nähen Sie mit der Maschine quer über die Knie, um ein Gelenk zu formen.

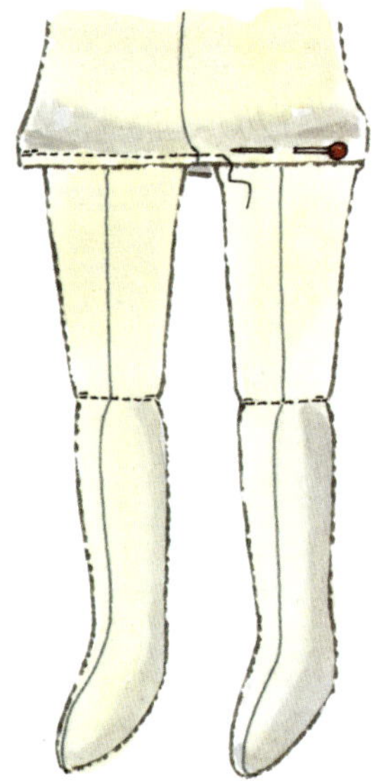

5 Entfernen Sie die Stecknadeln am Rumpf und stecken Sie die offenen Kanten beider Beine hinein. Achten Sie darauf, dass die Füße exakt nach vorn zeigen und die Beine gleich lang sind. Fixieren Sie die Beine mit Stecknadeln, dann nähen Sie mit der Maschine quer über die untere Kante und nähen die Beine dabei fest.

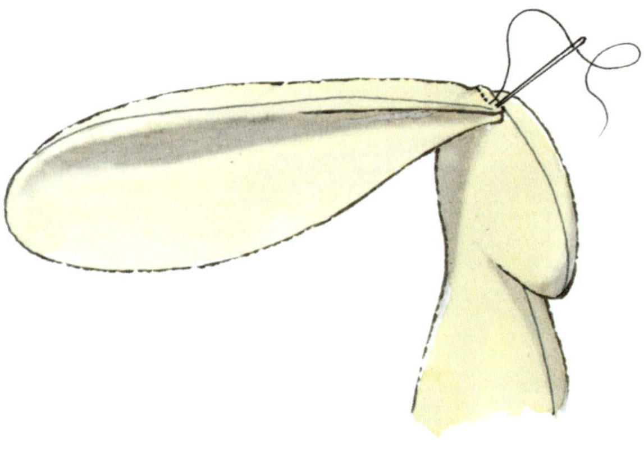

6 Nähen Sie jeweils zwei Ohrteile rechts auf rechts mit 6 mm Nahtzugabe aneinander, die geraden Seiten lassen Sie noch offen. Schneiden Sie die gekrümmten Nahtzugaben ein und wenden Sie die Ohren auf rechts. Falten und bügeln Sie die offenen Kanten 6 mm nach innen. Falten sie die Ohren an dieser Stelle mittig und nähen Sie sie von Hand oben an den Hasenkopf rechts und links der Naht.

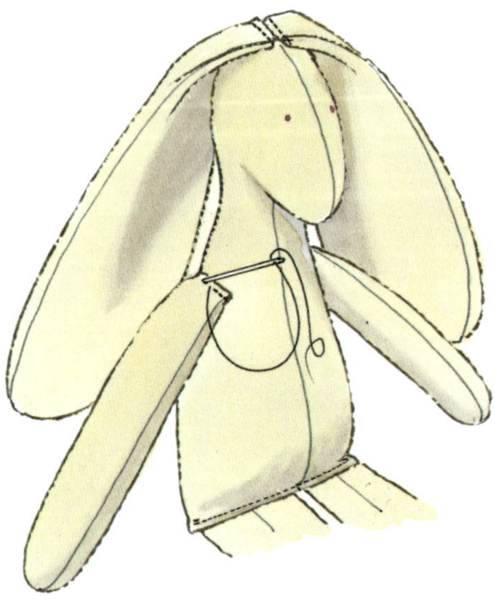

7 Jetzt nähen Sie mit der Hand die geraden Kanten der Arme unterhalb des Halses an beide Seiten des Rumpfes. Malen Sie mit dem Filzstift zwei Augen aufs Gesicht.

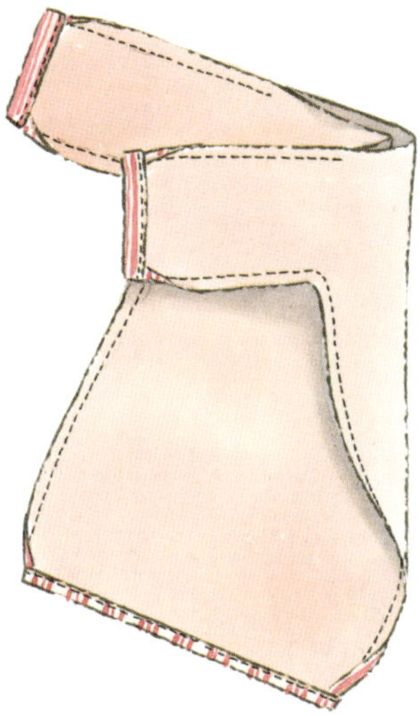

8 Mithilfe der Vorlage schneiden Sie zwei Kleiderteile aus dem gestreiften Stoff. Nähen Sie die Teile rechts auf rechts an den Seiten und entlang der Armoberseite mit 6 mm Nahtzugabe zusammen. Bügeln Sie die offenen Kanten der Ärmel und die Unterkante 6 mm auf links und steppen Sie den Saum rundum ab. Wenden Sie das Kleid auf rechts.

9 Falten Sie rund um den Halsausschnitt einen 6 mm breiten Saum nach innen. Ziehen Sie dem Hasen das Kleid an und vernähen Sie den Halsausschnitt von Hand mit Reihstichen. Raffen Sie den Ausschnitt durch Zug am Faden, bis er richtig sitzt, dann befestigen Sie den Faden.

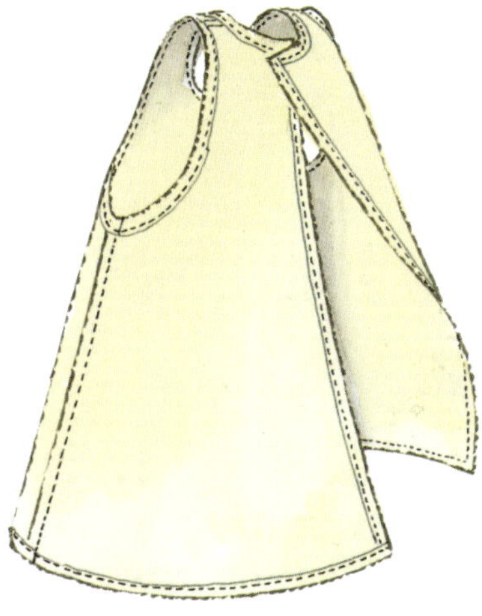

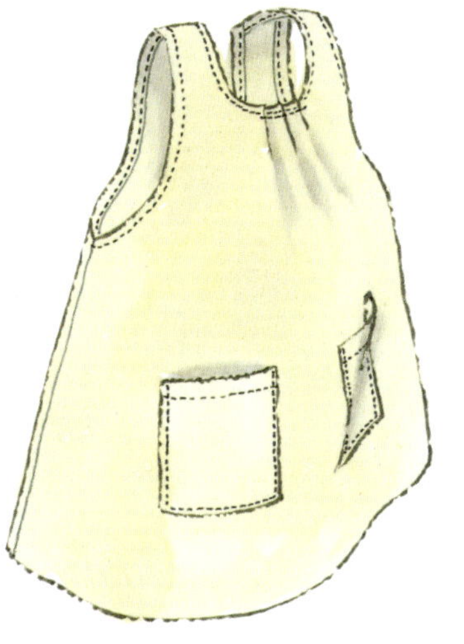

10 Mithilfe der Vorlage schneiden Sie zwei Schürzenrückseiten, eine Vorderseite und zwei Taschen aus Kattun. Nähen Sie Vorderteil und Rückenteile rechts auf rechts mit 6 mm Nahtzugabe an den Schultern und an den Seiten aneinander. Bügeln Sie alle unversäuberten Kanten 6 mm breit auf links und steppen Sie alle Säume ab. Wenden Sie die Schürze auf rechts.

11 Bügeln Sie an den oberen Taschenkanten einen 1 cm breiten Saum auf die linke Seite und steppen Sie ihn ab. Bügeln Sie die restlichen unbearbeiteten Kanten 6 mm auf links und nähen Sie die Taschen vorn links auf rechts auf die Schürze. Legen Sie am vorderen Ausschnitt drei Falten und nähen Sie diese fest. Ziehen Sie die Schürze über das Kleid und nähen Sie im Nacken die rückwärtigen Kanten zusammen.

Mit Stoff bezogene Aktenkartons

Sie benötigen

Aktenkartons

Bedruckten Baumwollstoff

60 cm weißes Band (1,5 cm breit)

Eine Trägerplatte in der Größe des Kartonbodens, plus 3 mm an allen Seiten

Dekoratives Papier

Maßband, Sprühkleber

Nadel und Garn

Kleister

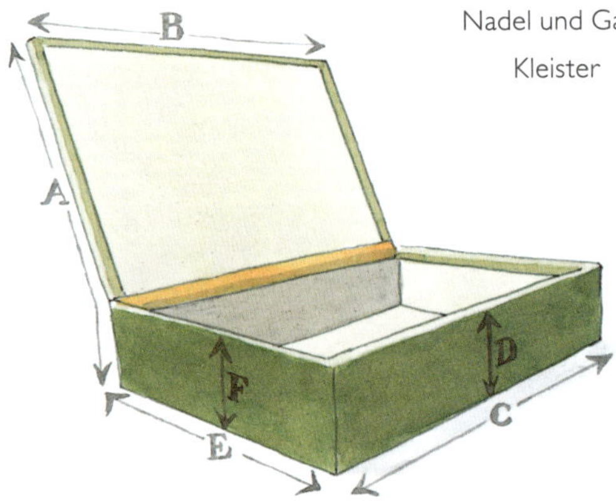

1 Für das Oberteil des Aktenkartons schneiden Sie aus dem Stoff ein Stück zu mit den Maßen Tiefe plus Höhe (A) × Breite (B) zuzüglich rundherum 1,5 cm. Für die Vorderseite schneiden Sie ein Stück Stoff zu mit den Maßen Breite (C) × Höhe (D) plus 1,5 cm an allen Seiten. Für die beiden Seitenteile schneiden Sie zwei Stoffstreifen mit den Maßen Breite (E) × Höhe (F) plus 1,5 cm an allen Seiten zu.

2 Bei den Seitenteilen und dem Vorderteil bügeln Sie an den Seiten 1,5 cm Stoff auf die linke Seite. Kleben Sie den Stoff mit Sprühkleber am Karton fest, falten Sie die oberen Zugaben ins Innere des Kartons und die unteren auf den Boden.

3 An dem oberen Stoffteil messen Sie jetzt auf den kurzen Seiten die Höhe des Kartons plus 1,5 cm Zugabe ab und schneiden den Stoff 1,5 cm tief ein. Bügeln Sie die Stoffzugaben dieses Streifens auf die linke Seite.

4 Kleben Sie das Stoffoberteil mit Sprühkleber auf den Karton. Richten Sie die gebügelten Kanten an den Seitenkanton des Kartons aus und kleben Sie die untere Stoffzugabe auf den Boden. An den beiden vorderen Ecken des Deckels falten Sie die Zugaben wie abgebildet erst diagonal über den Kartondeckel, dann die geraden Seiten darüber. Auf diese Weise entstehen saubere Ecken.

5 Nähen Sie die gebügelten Kanten an jeder Schachtelecke von Hand zusammen (Überwendlingsstich).

6 Schneiden Sie das Band in zwei gleich lange Teile. Kleben Sie das Ende eines Stückes mit Kleister mittig auf die Unterseite des Deckels, das andere Ende korrespondierend dazu auf die Unterseite des Bodens. Trocknen lassen.

7 Schneiden Sie ein Stück Stoff in der Größe der Trägerplatte zuzüglich 1,5 cm Zugabe an allen Seiten zu. Kleben Sie den Stoff mit Sprühkleber an der Trägerplatte und legen Sie die Zugaben so um wie in Schritt 4 beschrieben. Befestigen Sie die Platte mit Kleister am Boden der Schachtel, wobei das Band dazwischen liegt.

8 Nehmen Sie nun das Maß vom Schachtelinneren und schneiden Sie passende Stücke aus dekorativem Papier aus. Kleben Sie das Papier mit Sprühkleber in die Schachtel. Achten Sie darauf, dass alle unbearbeiteten Kanten damit verdeckt werden.

Tischset

Sie benötigen

Tablett

Bedruckten Baumwollstoff in zwei kontrastierenden Farben

Maßband

Schere

Stecknadeln

Nähmaschine

Nadel und Garn

1 Messen Sie Länge und Breite des Tabletts aus und geben Sie überall 1 cm für die Nähte hinzu. Schneiden Sie nach diesen Maßen aus jedem Stoff ein entsprechendes Rechteck aus.

2 Stecken Sie die Teile rechts auf rechts fest und steppen Sie sie dann mit 1 cm Nahtzugabe ab. Lassen Sie an einer langen Seite etwa 10 cm offen. Schneiden Sie die Nahtzugaben an den Ecken schräg ab.

3 Wenden Sie das Tischset auf rechts, bügeln Sie die Kanten glatt und die Kanten der Öffnung 1 cm nach innen. Schließen Sie die Lücke von Hand (Überwendlingsstich).

4 Fädeln Sie ein farblich für beide Stoffe passendes Garn in Nadel und Spule Ihrer Maschine. Dann steppen Sie alle Seiten schmal ab.

Kleiderbügelbezüge

Sie benötigen

Holzbügel

Vintage-Baumwollstoff oder Leinen

Zwei Knöpfe (nach Belieben)

Schneiderkreide

Maßband

Schere

Nähmaschine

Nadel und Garn

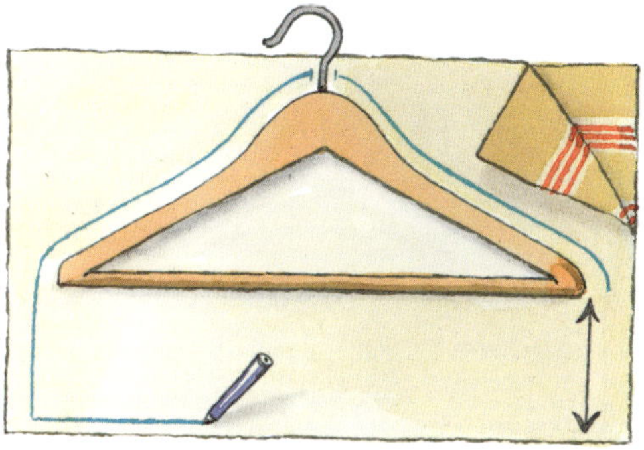

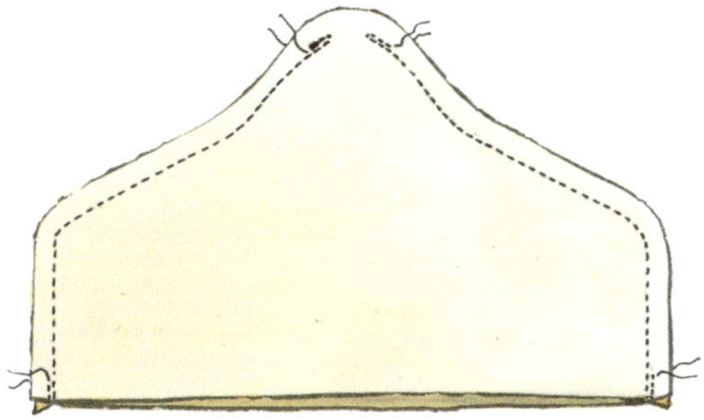

1 Legen Sie den Bügel auf die linke Seite des Stoffes und zeichnen Sie mit Schneiderkreide wie hier abgebildet den Umriss auf. Markieren Sie die Position des Hakens oben am Bügel. Nach unten hin geben Sie 10 cm zu und verbinden dann linke und rechte Seite mit einer geraden Linie. Schneiden Sie zwei Stücke Stoff zuzüglich 1,5 cm Nahtzugabe an allen Seiten zu.

2 Nähen Sie die beiden Teile rechts auf rechts mit 1,5 cm Nahtzugabe aneinander. Dort, wo der Haken sitzt, lassen Sie 1 cm frei, die gerade untere Kante bleibt offen.

3 An der Unterkante des Bügelbezugs falten Sie einen 1 cm breiten doppelten Saum und steppen ihn ab. Wenden Sie den Bezug auf die rechte Seite und bügeln Sie die Kanten glatt.

4 Stecken Sie jetzt den Bügel hinein. Dann nähen Sie an die oberen Außenkanten zwei Knöpfe auf oder fertigen aus demselben Stoff zwei Streifen, die Sie zu Schleifen binden und annähen. So kann nichts vom Bügel rutschen.

Stiftehalter

Sie benötigen

Papier zum Erstellen von Vorlagen

Verfilzte Wolle

Stift und Lineal

Schere

Nähmaschine

Festes Garn

1 Für den quadratischen Halter schneiden Sie eine Vorlage (10 × 10 cm) aus dem Papier. Mithilfe dieser Vorlage schneiden Sie dann fünf Teile aus Filz oder Wolle aus.

2 Nähen Sie zwei Teile links auf links mit 6 mm Nahtzugabe aneinander und lassen Sie die unteren 6 mm offen. Wiederholen Sie dies mit drei weiteren Stücken, bis die Seitenteile alle verbunden sind.

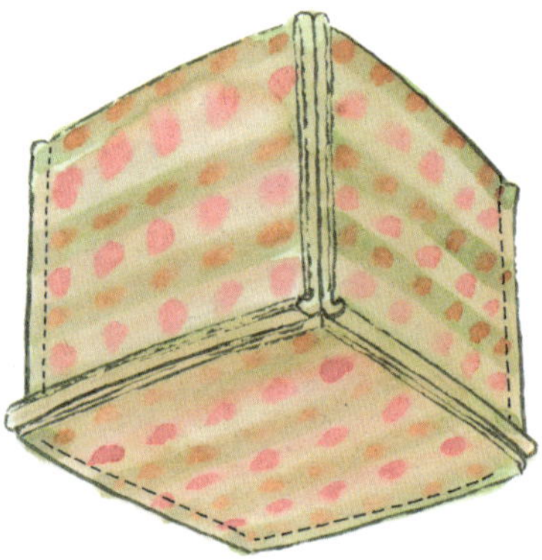

3 Für den Boden nähen Sie jetzt das letzte Stoffquadrat links auf links mit 6 mm Nahtzugabe unten an die Seitenteile. Achten Sie darauf, dass die Ecken auf die Seitennähte passen.

4 Für den rechteckigen Halter schneiden Sie jeweils eine Vorlage für Boden (7,5 × 20 cm), lange Seiten (4 × 20 cm) und kurze Seiten (4 × 7,5 cm) aus Papier. Schneiden Sie einen Boden und jeweils zwei Seitenteile aus gefilzter Wolle und verbinden Sie erst die Seitenteile, dann befestigen Sie den Boden (siehe Schritte 2 und 3).

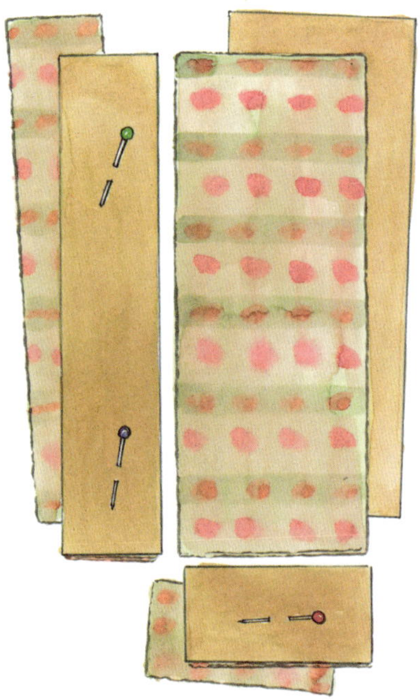

Vorlagen

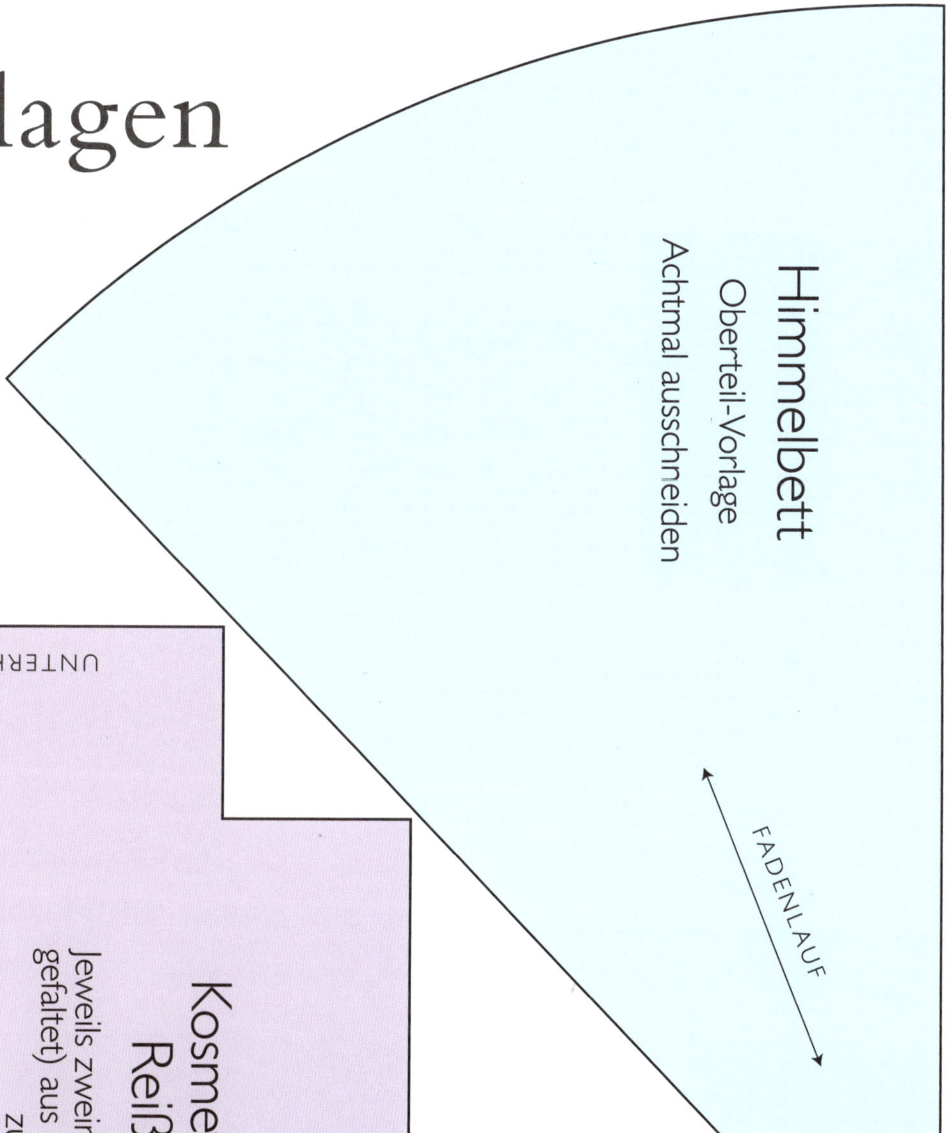

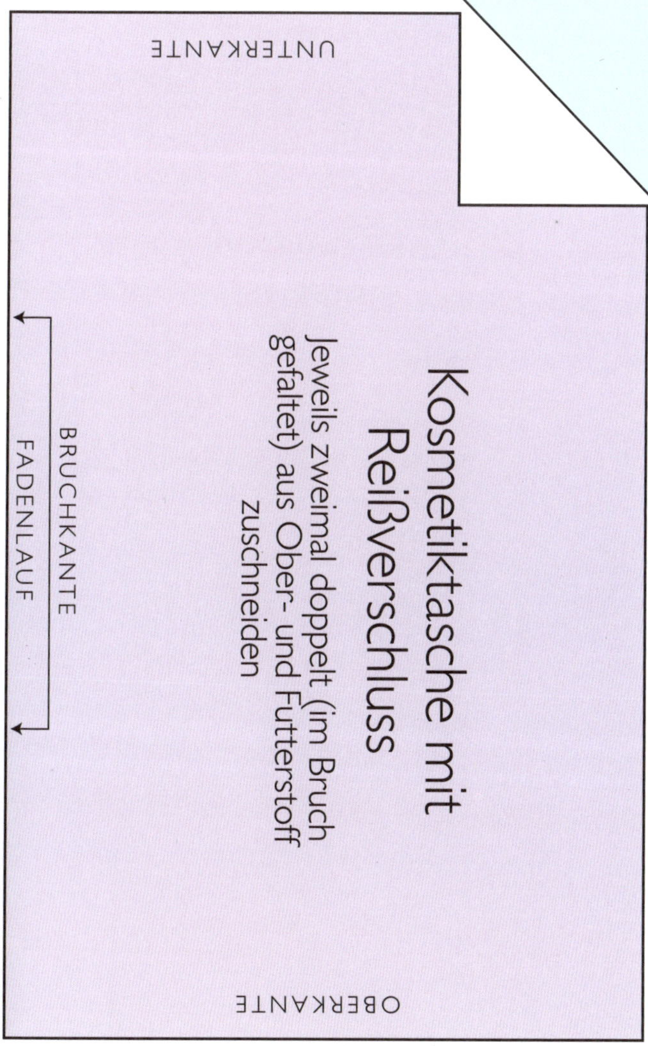

HINWEIS

Die Schnittmuster sind auf 50% der Originalgröße verkleinert. Mit 200% auf einem Kopierer vergrößern.

HINWEIS

Die Schnittmuster sind auf 40% der Originalgröße verkleinert. Mit 250% auf einem Kopierer vergrößern.

HINWEIS

Die Schnittmuster sind auf 40% der Originalgröße verkleinert. Mit 250% auf einem Kopierer vergrößern.

FADENLAUF

BRUCHKANTE

Beuteltasche
Vorlage Boden

Jeweils einmal doppelt (im Bruch gefaltet) aus Ober- und Futterstoff zuschneiden

HINWEIS

Die Schnittmuster sind auf 40% der Originalgröße verkleinert. Mit 250% auf einem Kopierer vergrößern.

FADENLAUF

Beuteltasche
Trägervorlage

Jeweils einmal aus Ober- und Futterstoff zuschneiden

Beuteltasche
Seitenteil

Jeweils zweimal doppelt (im Bruch gefaltet) aus Ober- und Futterstoff zuschneiden

BRUCHKANTE

FADENLAUF

UNTERKANTE

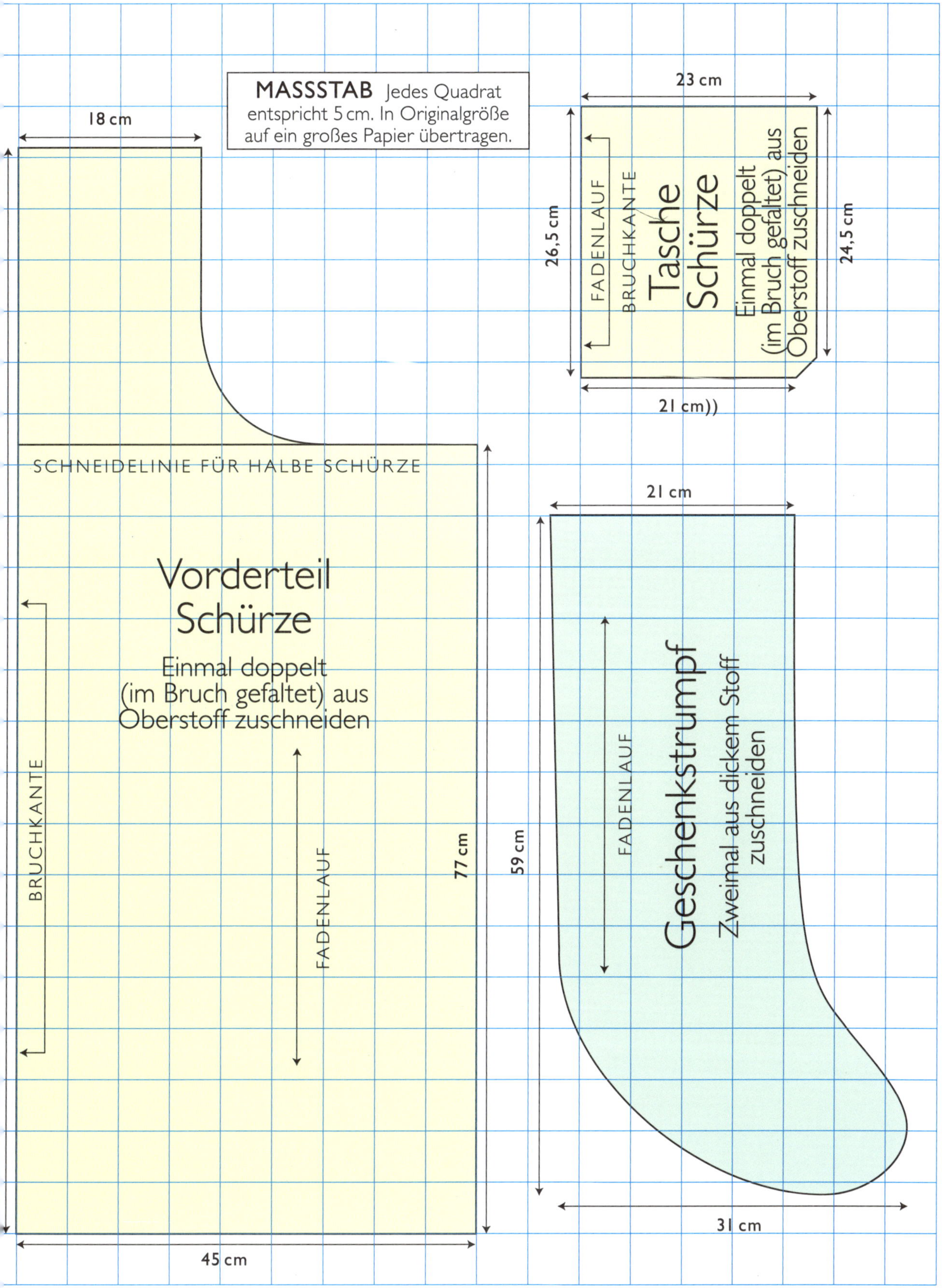
MASSSTAB Jedes Quadrat entspricht 5 cm. In Originalgröße auf ein großes Papier übertragen.
18 cm
SCHNEIDELINIE FÜR HALBE SCHÜRZE
Vorderteil Schürze
Einmal doppelt (im Bruch gefaltet) aus Oberstoff zuschneiden
BRUCHKANTE
FADENLAUF
77 cm
45 cm
23 cm
26,5 cm
FADENLAUF
BRUCHKANTE
Tasche Schürze
Einmal doppelt (im Bruch gefaltet) aus Oberstoff zuschneiden
24,5 cm
21 cm))
21 cm
59 cm
FADENLAUF
Geschenkstrumpf
Zweimal aus dickem Stoff zuschneiden
31 cm

HINWEIS

Die Schnittmuster sind auf 50% der Originalgröße verkleinert. Mit 200% auf einem Kopierer vergrößern.

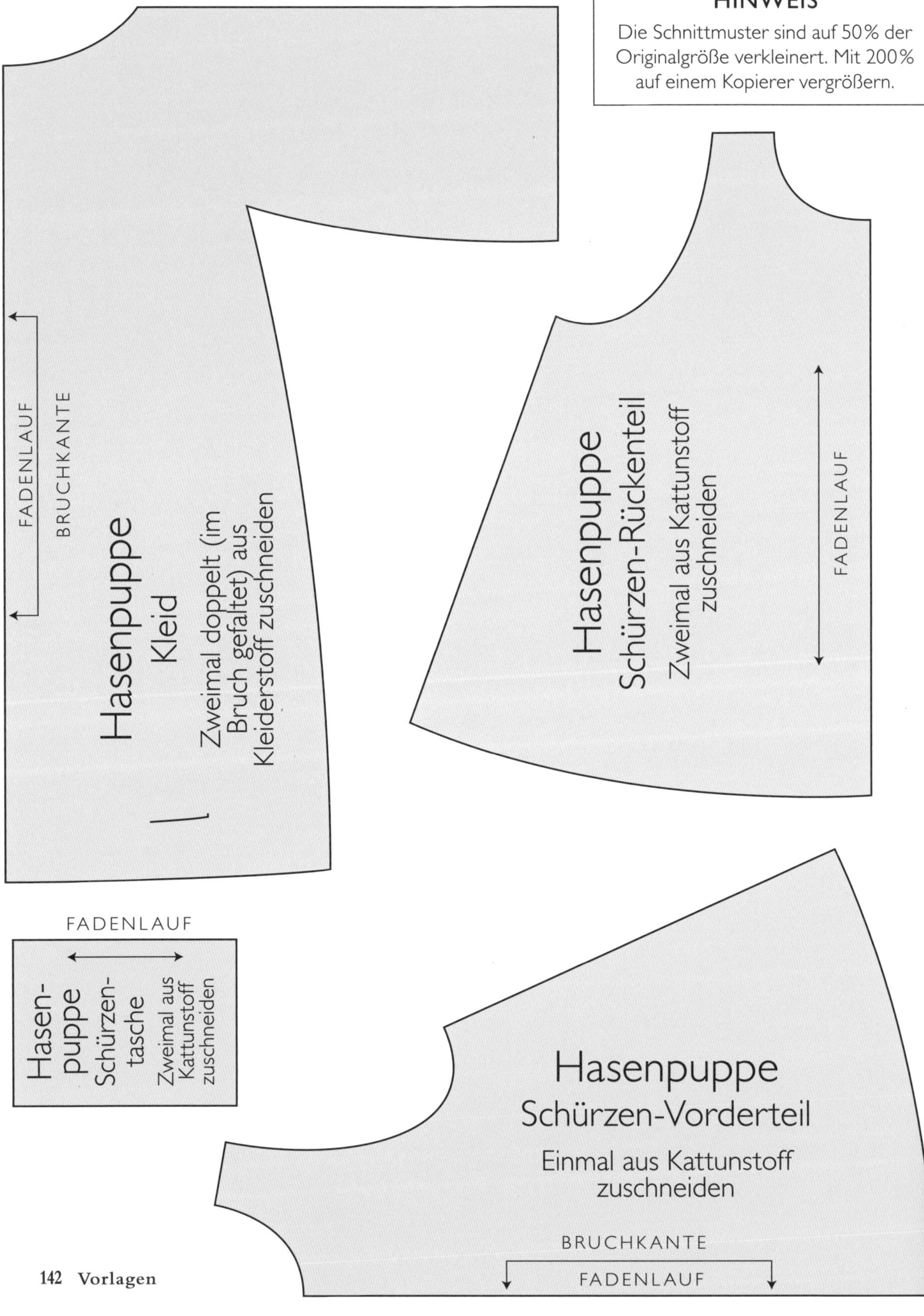

HINWEIS

Die Schnittmuster sind auf 50% der Originalgröße verkleinert. Mit 200% auf einem Kopierer vergrößern.

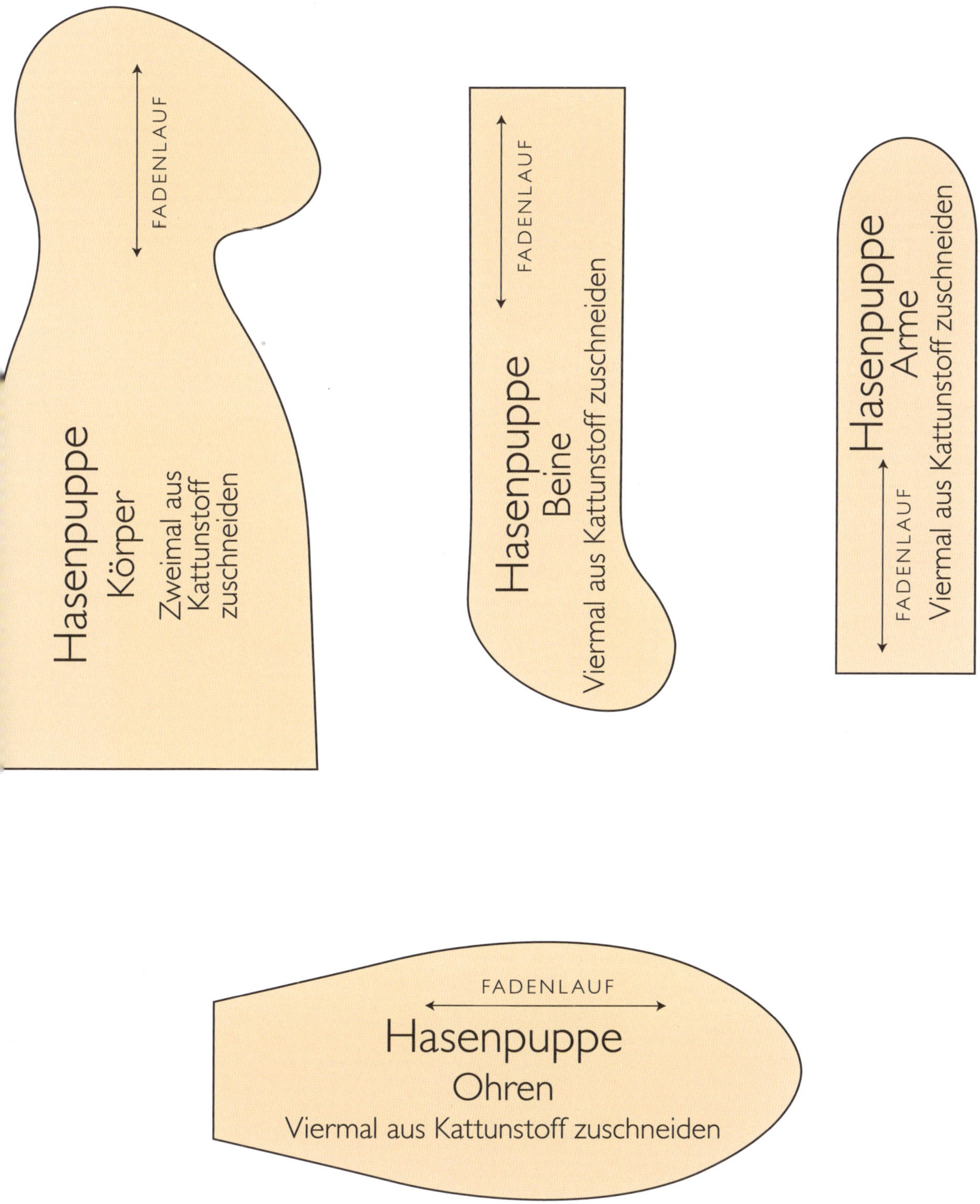

Register

Danksagung

Für ihre Mitarbeit an diesem Buch bin ich einer Vielzahl von Menschen zu Dank verpflichtet, nicht zuletzt meiner Mutter Mary Amoroso-Centeno, die eifrig dabei war, einige dieser hier vorgestellten Dinge anzufertigen. Das war eine besondere Leistung, denn sie ist 84 Jahre alt und hat mit ihrem Teilzeitjob in einem Charity-Laden wirklich genug um die Ohren. Danken möchte ich auch meiner Tochter Kate, die mit mir Ideen entwickelte und ein Album anfertigte, um mir zu beweisen, dass ein Nähbuch auch sehr schön sein kann. Für einige der Fotos stand sie liebenswürdigerweise als Modell zur Verfügung. Ihr einziger Lohn waren eine Schürze und ein Haarband.

Danke auch an Tina Wright, die mir in meiner allergrößten Panik zur Seite stand und mir beibrachte, wie man eine Nähmaschine benutzt. Danke auch an Penny Menato, die schnell arbeitete und in allerletzter Minute einige Projekte verwirklichte.

Danke an Jane Bolsover, die mir wie eine Expertin erklärte, wie man diese Projekte umsetzen könnte, und an Kate Simunek, die die wunderbaren Zeichnungen gemacht hat. Nicht zu vergessen Christine Wood für die hervorragende Gestaltung.

Ich möchte mich bei Lucinda Symons für die schönen Fotos bedanken und bei ihren Assistenten Cesca Sims und Spencer Murphy, mit denen die Zusammenarbeit sehr angenehm war.

Danke auch an Amanda Austin, die beste Floristin Londons. Aus ihrem Laden schräg gegenüber von Cabbages & Roses stammen die Blumen.

Und schließlich geht mein Dank auch an Cindy Richards und Gillian Haslam. Sie haben stets an mich geglaubt.